WITZE BUCH

Dieses Buch gehört:

LIEBE KINDER

In diesem Buch findet ihr eine große Ansammlung der lustigsten und amüsantesten Witze. Damit werdet ihr eure Freunde, Familie und Bekannte zum Totlachen bringen.

Die verschiedenen Witze sind hierbei in unterschiedliche Kategorien aufgeteilt, damit Ihr so den Überblick behaltet und eure liebsten Witze immer wieder finden könnt. Auf den nächsten zwei Seiten befindet sich ein Inhaltsverzeichnis, in dem ihr die Seitenzahlen der verschiedenen Kategorien ganz einfach nachschlagen könnt.

VIEL FREUDE

INHALT

$a^2 + b^2 = c^2$

KINDER WITZE

$a^2 + b^2 = c^2$

Klara und Martin werfen eine Münze. Klara sagt: „Ich werfe die Münze. Bei Kopf verlierst du, bei Zahl gewinne ich."

Ein Mann geht in ein Geschäft und sagt: „Guten Morgen, ich brauche dringend eine neue Brille." Die Verkäuferin antwortet: „Ja das ist wohl wahr. Sie sind hier nämlich beim Bäcker."

Frau Schreiber geht in die Bibliothek und sagt: „Hallo, ich such einen sehr spannenden Krimi." Der Verkäufer antwortet: „Dann habe ich hier genau den richtigen für sie, man erfährt erst auf der letzten Seite, dass es der Nachbar war."

Wieso brauchen Polizisten immer eine Schere? Damit sie den Verbrechern besser den Weg abschneiden können

Sagt der eine Mann zum anderen: „Ich denke alle Menschen sollten mit offenem Fenster schlafen." Der andere Mann fragt verwundert: „Wieso denken Sie das? Sind Sie Arzt?" Entgegnet der andere: „Nein, ich bin Einbrecher!"

Warum können Geister nicht lügen? Weil sie so leicht durchschaubar sind

Maja macht Urlaub auf einem Bauernhof, der Bauer fragt sie: „Möchtest du wissen, wie ein Kälbchen entsteht?" Maja antwortet: „Ja, sehr gerne!" Der Bauer erklärt: „Erst kommen die Vorderbeine heraus, dann der Kopf und die Schultern und zum Schluss der Körper und die Hinterbeine." Maja fragt verwundert: „Und wer baut daraus dann die Kuh zusammen?"

Treffen sich zwei Gespenster. Das eine Gespenst fragt: „Hast du die Stelle in dem Restaurant bekommen?" Das andere sagt: „Ja!" Fragt das erste wieder: „Super, arbeitest du als Kellner?" Das andere Gespenst antwortet: „Nein, als Tischdecke."

Lara fragt Martin: „Hast du ein Loch in deinen Schuhen?" Martin guckt verwirrt seine Schuhe an und sagt: „Nein." Lara fragt: „Und wie bist du dann in deine Schuhe gekommen?"

Es ist ein sehr heißer Sommer und Mara und Jule gehen an einem kleinen, ausgetrocknetem See vorbei. Mara sagt zu Jule: „Oh nein, der See ist weg!" Jule antwortet: „Das waren bestimmt die Seeräuber!"

Tanja fragt ihren Nachbarn verwirrt: „Wieso ziehen Sie ein Seil hinter sich her?" Ihr Nachbar antwortet: „Schieben habe ich auch schon versucht, aber das funktioniert nicht."

$a^2 + b^2 = c^2$

Herr Müller stürzt in einen Haushaltswarenladen und sagt: „Schnell eine Mausefalle, ich muss den Bus noch erwischen!" Verkäufer: „Tut mir leid, aber so grosse Fallen haben wir nicht"

Kathi fällt von ihrem Fahrrad. Eine Frau kommt herbeigeeilt und fragt: „Oh nein, bist du gestürzt?" Kathi antwortet: „Nein, ich steige immer so ab!"

Caroline sagt zu ihrem Freund Tom: „Wusstest du eigentlich, dass Mädchen schlauer als Jungs sind?" Tom antwortet: „Nein, das wusste ich nicht." Caroline sagt: „Da siehst du`s!"

Im Flugzeug wird vor dem Start Kaugummi verteilt. Die Flugbegleiterin sagt: „Das ist gut für ihrer Ohren." Nach einer Weile kommt ein Mann nach vorne und fragt: „Und wie bekomme ich das klebrige Zeug jetzt wieder aus meinen Ohren herous?"

Ein Mann fragt Nora: „Wie kommt ich denn am schnellsten ins Krankenhaus?" Nora antwortet: „Naja, also wenn Sie zum Beispiel mit geschlossenen Augen über die Straße laufen, dann bringen die Sie ganz schnell dort hin, sogar mit Blaulicht."

$a^2 + b^2 = c^2$

Herr Haube sagt zu seinem Nachbarn: „Ich werde immer von meinem eigenen Schnarchen wach. Das macht mich noch wahnsinnig!" Der Nachbar antwortet: „Schlaf doch einfach in einem anderen Zimmer."

Herr Müller sagt zu seinem Kollegen: „Vor lauter Sorgen fallen mir schon die Haare aus!" Sein Freund fragt: „Worüber machst du dir denn Sorgen?" Herr Müller antwortet: „Darüber, dass ich eine Glatze kriege."

Gehen zwei Stifte spazieren. Nach einer Weile kommt ein dritter Stift dazu. Da
sagt der eine Stift: „Mir wird das hier zu bunt, ich gehe jetzt!"

Paulchen geht zur Bäckerei und fragt: „Haben Sie Karottenkuchen?" Die Bäckerin antwortet: „Nein, den haben wir nicht." Am nächsten Tag fragt Paulchen wieder: „Haben Sie Karottenkuchen?" Die Bäckerin antwortet wieder mit: „Nein!" Am dritten Tag kommt Paulchen nochmals und fragt: „Haben Sie Karottenkuchen?" Die Bäckerin sagt: „Ja, heute haben wie Karottenkuchen!" Paulchen antwortet: „Bah, wer isst denn sowas?"

Hannah und Lisa sollen sich einen Donut teilen. Lisa sagt: „Natürlich teilen wir, du bekommst die Mitte!"

$a^2 + b^2 = c^2$

Ute sitzt im Restaurant. Ihr Glas ist leer. Kommt der Kellner und sagt: „Möchte Sie noch eins?" Ute antwortet: „Nein, was soll ich denn mit zwei leeren Gläsern?"

Paul geht panisch zum Doktor und sagt: „Herr Doktor. Alle sagen zu mir ich sei eine Uhr!" Antwortet der Doktor: „Keine Sorge, die wollen Sie nur aufziehen."

Paula erzählt ihrer Freundin: „Ich habe gestern beim Friedhof angerufen. Es ist jedem dran gegangen. Ich habe sofort aufgelegt, ist ja total gruselig!"

Frau Müller geht zum Arzt und sagt: „Irgendwie hört mir nie jemand zu. Stimmt mit mir etwas nicht?" Daraufhin der Arzt: „Der nächste Patient bitte!"

Sagt der eine Schneemann zum anderen: „Mir läuft es immer ganz kalt den Rücken runter, wenn die Sonne scheint."

Sagt der eine Verrückte zum anderen: „Gott hat mir heute gesagt, dass ich der deutsche Präsident bin!" sagt der andere: „Wann soll ich das denn gesagt haben?"

$a^2 + b^2 = c^2$

Klaus geht sich neue Schuhe kaufen. Die Verkäuferin sagt: „Die Schuhe könnten in der ersten Woche noch etwas drücken." Klaus antwortet: „Kein Problem. Dann zieh ich sie erst danach an!"

Ein Fremder ruft bei der Polizei an und sagt: „Guten Tag, bin ich bei der Polizei?" Der Polizist antwortet: „Nein, ich bin bei der Polizei. Keine Ahnung, wo Sie sind!"

Ein Mann soll bei der Polizei eine Zeugenaussage machen und den Täter beschreiben. Er sagt: „Es war ein Mann mit einem Schnurrbart, ungefähr 1,85 m groß." Daraufhin sagt der Polizist: „Den finden wir leicht, wer hat schon einen so großen Schnurrbart?"

Ronja fragt ihre Freundin: „Was ist deine Lieblingsfarbe?" Die Freundin antwortet: „Weiß nicht." Ronja fragt: „Welche Farbe denn dann?"

Tom möchte gerne ins Kino gehen. Die Verkäuferin sagt: „Es tut mir leid, aber wir sind bis auf dem letzten Platz ausgebucht." Daraufhin sagt Fritzchen: „Perfekt, den nehm ich!"

Der Lehrer schreibt 3:3 an die Tafel. "Wer weiß, wie viel das ist?" Hänschen meldet sich: "Unentschieden, Herr Lehrer!"

$a^2 + b^2 = c^2$

Ein neugeborenes Baby lacht und lacht und hält die beiden Fäustchen nach oben... Die Hebamme ist ratlos! Sie holt den Arzt. Der öffnet vorsichtig die beiden geballten Hände. Und aus jedem der Händchen fällt eine Anti-Babypille heraus.

Paulas neue Nachbarin stellt sich bei ihr vor und sagt: „Ich weiße Britt." Paula fragt erstaunt: „Wie bitte?" Die Nachbarin erklärt: „Britt, wie der Kleber nur mit B." Daraufhin fragt Paula: „Buhu?"

Treffen sich zwei Hundebesitzer im Park. Sagt der eine: „Was für ein schöner Hund, hat er einen Stammbaum?" Sagt der andere: „Ja, die alte Buche im Park."

Maja sagt zu ihrem Freund Lukas: „Irgendwann werde ich heiraten, dann werden ganz viele Jungs traurig sein." Lukas antwortet: „Wie viele Jungs willst du denn heiraten?"

Lara fragt ihre Freundin: „Kennst du den Witz wo alle Dummen „Nein" sagen?" Ihre Freundin antwortet: „Nein!"

Jonas Schwester hat sich neue Schuhe gekauft und sagt: „Die sind so bequem, ich fühle mich wie in meiner eigenen Haut." Daraufhin sagt Jonas: „Kein Wunder, die sind ja auch aus Ziegenleder."

$a^2 + b^2 = c^2$

Fragt der Schotte seinen Kumpel: "Warum steht dein Freund denn stundenlang an der Ampel?"
"Der Arzt hat ihm Rotlicht verordnet!"

Herr Müller läuft in den Laden und sagt hektisch: „Ich brauche dringend eine Mausefalle, ich habe es eilig, ich muss den Bus noch erwischen." Da antwortet der Verkäufer: „Tut mir leid, aber so große Fallen haben wir nicht."

Eine junge Dame steigt ins Taxi und fragt: „Was kostet eine Fahrt zum Bahnhof?" Der Fahrer antwortet: „20€" die Frau fragt: „Und was kostet es für die Koffer?" Der Fahrer erwiedert: „Nichts, die nehme ich umsonst mit." Daraufhin sagt die junge Dame: „Ok, dann fahren Sie bitte meine Koffer zum Bahnhof, ich gehe zu Fuß."

Ina fragt ihre Freundin: „Wusstest du, dass man für einen Wollpullover drei Schafe braucht?" Ihre Freundin antwortet: „Ich wusste gar nicht, dass Schafe stricken können."

Joachim und Peter sitzen am Silvesterabend zusammen. Um 12 stoßen sie an. Joachim sagt: „Das muss ein gutes Jahr werden, es hat auf die Minute genau begonnen."

$a^2 + b^2 = c^2$

Kathi fragt ihre Freundin: „Wieso fressen Pinguine eigentlich Fische?“ Ihre Freundin antwortet: „Weil Kekse unter Wasser so schnell matschig werden.“

Jana und ihr Bruder Paul wollen zusammen in die Schwimmhalle gehen. Jana hat keine Lust die Tasche zu tragen, geht vor und schreibt ihrem Bruder einen Zettel: „Bitte nimmt die Tasche mit, ich habe sie vergessen.“ Paul sieht den Zettel und schreibt: „Geht leider nicht, ich habe den Zettel nicht gelesen.“

Eine alte Dame macht eine Kreuzfahrt. Sie zeigt auf das Bullauge und sagt begeistert zu einem der Angestellten: „Das ist wirklich super wie viel in diesen Wandschrank passt.“

Karl kommt in den Supermarkt und fragt: „Haben Sie Milch?“ Die Verkäuferin antwortet: „Ja!“ Daraufhin fragt Karl: „Haben Sie auch fettarme?“ Die Verkäuferin sagt: „Ja!“ Karl antwortet: „Dann müssen Sie Oberteile mit langen Ärmeln tragen.“

Der kleine Martin geht zur Tankstelle und spricht mit der Zapfsäule. Er fragt: „Bist du ein Roboter?“ Als er keine antwort bekommt sagt der verärgert: „Jetzt nimm doch mal die Finger aus den Ohren damit du mich auch hören kannst!“

$a^2 + b^2 = c^2$

Beim Mittagessen sagt Sabrina zu ihrer Mutter: "Jetzt habe ich die Möhren genau 20-mal gekaut" "Das ist sehr brav." sagt die Mutter. Sabrina zieht ein Gesicht und fragt dann weinerlich: "Und was soll ich jetzt damit machen?"

"Mama, warum droht der Mann da vorne der Dame auf der Bühne mit dem Stock?" "Er droht nicht, er dirigiert." "Und warum schreit sie dann so?"

Sagt der Hammer zum Daumen: „Wäre schön dich mal wieder zu treffen."

Ein Mann kommt in ein Geschäft und sagt: „Ich hätte gerne 8 durchgebrannte Glühbirnen." Da sagt der Verkäufer: „Aber damit können Sie doch nichts anfangen." Der Mann antwortet: „Doch, ich richte mir gerade eine Dunkelkammer ein."

Sagt der eine Fußballer zum anderen: „Bist du wirklich schon wieder erkältet?" Antwortet der andere: „Ja was glaubst du denn, ich muss ja auch immer im Sturm spielen!"

Zwei Tiger fressen einen Clown. Sagt der eine Tiger zum anderen: „Der schmeckt aber komisch?"

SCHUL WITZE

Daniel wird von seinem Lehrer gefragt: „Warum ist der Eisbör weiß?" Daniel antwortet: „Er müsste ja Himbär heißen, wenn er rot wäre"

Larissa sitzt in der Schule und fragt:

$ac^2 + bc^2 = ?$

„Frau Müller, kann man für etwas bestraft werden, was man gar nicht gemacht hat?" Die Lehrerin antwortet: „Nein Larissa, das wäre ja unfair!" Larissa antwortet: „Das ist ja super, ich habe meine Hausaufgaben nämlich nicht gemacht."

Die Kinder grübeln im Unterricht was wohl das schlauste Tier sei. Niko meldet sich und sagt: „Der Kuckuck natürlich. Der kann immerhin seinen eigenen Namen sagen!"

Frau Müller fragt: „Wie viele Bundesländer gibt es und wie heißen Sie?" Klaus antwortet: „Es gibt 16 Bundesländer und ich heiße Klaus."

H_2O

Der Lehrer fragt: „Wieso fliegen die Vögel im Winter in den Süden?" Lena antwortet: „Das ist doch einfach. Zu Fuß wäre es viel zu weit."

Martin sagt zu seiner Mutter: „Ich möchte nicht mehr in die Schule gehen, immer wenn die Lehrerin nicht weiterweiß, dann fragt sie mich."

$E = Mc^2$

$a^2 + b^2 = c^2$

Herr Maier sagt zu seiner Klasse: „Stellt euch mal vor ihr habt fünf Murmeln in eurer Hosentasche. Zwei Murmeln fallen heraus. Was habt ihr nun in der Hosentasche?" Karin meldet sich und sagt: „Ein Loch!"

$ac^2 + bc^2 = ?$

Nina kommt nach der Schule nach Hause. Fragt ihr Vater: „Na Nina, hast du in der Schule viel gelernt?" Nina antwortet: „Scheinbar nicht genug. Ich muss morgen wieder hin!"

Greta kommt super gelaunt von der Schule. Ihre Oma wundert sich: „Wieso bist du denn so fröhlich?" Greta antwortet: „Weil morgen die Schule ausfällt. Unser Lehrer fährt in den Urlaub." Ihre Oma entgegnet ganz irritiert: „Wirklich? Das kann ich mir aber nicht vorstellen!" Greta daraufhin: „Doch. Er sagte: Das war´s für heute. Ich fahre Morgen fort."

H_2O

Der Mathelehrer fragt die kleine Hannah: „Wenn du 4 Euro hast und du deine Schwester nach weiteren 3 Euro fragst, wie viel Geld hast du dann?" Hannah antwortet: „4 Euro!" Der Lehrer sagt: „Nein Hannah, Das ist falsch. Du hast dann 7 Euro!" Hannah sagt: „Na dann kenne Sie meine Schwester aber nicht!"

$E = Mc^2$

$a^2 + b^2 = c^2$

Der Lehrer fragt seine Klasse: „Weiß denn jemand von euch wie Regen entsteht?" Paul meldet sich und sagt: „Das ist doch ganz einfach, die Erde dreht sich manchmal so schnell, dass sie ins Schwitzen kommt."

$ac^2 + bc^2 = ?$

Frau Maier fragt die Klasse: „Kann mir jemand ein Streichinstrument nennen?" Peter zeigt auf und sagt: „Der Pinsel."

Johann schläft im Unterricht ein. Der Lehrer sagt: „Johann, ich glaube nicht dass das hier der richtige Ort zum Schlafen ist!" Johann antwortet: „Das passt schon, aber es wäre gut, wenn Sie etwas leiser sprechen könnten."

Herr Müller fragt Melanie: „Was heißt Glocke auf Englisch?" Melanie antwortet: „Ich weiß es nicht." Die Lehrerin sagt: „Bell!" Melanie erwidert: „Wau, Wau, Wau!"

H_2O

Frau Müller fragt die Klasse: „Was ist euer liebstes Instrument?" Klara antwortet: „Die Schulglocke!"

Der Lehrer erklärt: „Wenn jemand auf dem Schulhof mit Schneebällen nach euch wirft, dann dürft ihr nicht zurückwerfen, sondern müsst mich rufen." Daraufhin fragen die Schüler: „Glauben Sie denn Sie können besser werfen?"

$E = Mc^2$

$a^2 + b^2 = c^2$

Carolines Lehrerin sagt: „Nenne mir eine Sache über die Dichter des 17. Jahrhunderts und du bekommst eine gute Note!" Caroline antwortet: „Die Dichter sind alle bereits tot."

$ac^2 + bc^2 = ?$

In der Schule hängt über der Garderobe das Schild: „Nur für Lehrer!" Da fragt Rosi verwundert: „Aber da kann man doch auch Jacken aufhängen, oder?"

Herr Müller fragt seine Klasse: „Kann mir jemand drei australische Tiere nennen?" Maja meldet sich und sagt: „Ein Känguru und zwei Koalas!"

H_2O

Klaus Lehrer fragt im Chemieunterricht: „Klaus, denkst du es gibt etwas flüssigeres als Wasser?" Klaus antwortet: „Ja, Hausaufgaben zum Beispiel. Die sind überflüssig!"

Der Lehrer fragt: „Weiß denn jemand welchen Nutzen die Sonne hat?" Lena antwortet: „Keinen, Tagsüber ist es sowieso hell und nachts scheint sie nicht."

Die Lehrerin sagt: „Paul, du kannst nicht immer nur mit einer Gegenfrage antworten!" Paul fragt daraufhin: „Wieso kann ich das nicht?"

$E = Mc^2$

$a^2 + b^2 = c^2$

Lehrer: „Weiß denn jemand was ein Witwer ist?". Paul zeigt auf und sagt: „Der Mann einer Witwe."

Der Lehrer fragt: „Wenn ich drei Eier auf den Tisch lege und du legst noch vier dazu, wie viele Eier liegen dann auf dem Tisch?" Der Schüler antwortet: „Es tut mir leid, aber ich kann keine Eier legen."

$ac^2 + bc^2 = ?$

Der Lehrer fragt: „Was glaubt ihr in welchem Monat die meisten Kinder geboren werden?" Kathi antwortet: „Natürlich im Neunten."

Der Lehrer fragt die Klasse: „Von wem ist denn diese Jacke?" Lisa sagt: „Die sieht aus wie meine Jacke, aber das kann nicht sein, ich habe meine heute verloren."

H_2O

Der Lehrer fragt: „Wieso bauen die Menschen in Österreich ihre Häuser aus Holz?" Nina zeigt auf und sagt: „Ja, weil sie die Steine alle für die Berge brauchen."

Herr Müller fragt: „Klara, kannst du mir eine Stadt in Frankreich nennen?" Klara antwortet: „Klar, welche denn?"

Die Lehrerin fragt: „Weiß denn jemand von euch wie lange Fische leben?" Nina antwortet: „Genauso lange wie kurze Fische."

$E = Mc^2$

$a^2 + b^2 = c^2$

Frau Klein sagt: „Caroline komm an die Tafel!" Paula sagt: „Caroline ist heute nicht da." Daraufhin sagt die Lehrerin: „Caroline soll gefälligst selbst antworten."

$ac^2 + bc^2 = ?$

Der Lehrer fragt: „Weiß jemand welcher Vogel kein Nest baut?" Karl antwortet: „Der Kuckuck der wohnt ja in einer Uhr."

Der Lehrer fragt: „Kim wieso ist der Aufsatz über eure Haustiere identisch zu dem deines Bruders?" Kim antwortet: „Naja, wir haben eben identische Haustiere."

Der Lehrer sagt: „Paul, erzähl doch mal von deinem Urlaub. Wie war das Wetter, hat es viel geregnet?" Paul antwortet: „Nein eigentlich nur zweimal. Einmal 3 Tage lang und einmal 7 Tage lang."

H_2O

Lisa sagt zu ihrer Mutter: „Eigentlich gehe ich ja gerne in die Schule, aber ich finde es wirklich schade, dass der Lehrer so wenig weiß, ständig stellt er uns fragen."

Bei der Fahrradprüfung sagt der Lehrer zu Carlo: „Deine Lampe funktioniert nicht, du musst schieben." Carlo sagt: „Nein, das habe ich schon probiert, dann funktioniert sie auch nicht."

$E = Mc^2$

$a^2 + b^2 = c^2$

Der Lehrer fragt Carmen was ihr Vater beruflich macht. Carmen antwortet: „Er arbeitet in einer Fabrik." Der Lehrer fragt: „Arbeitet er am Band?" Carmen antwortet: „Aber nein, er darf ganz frei rumlaufen."

$ac^2 + bc^2 = ?$

Der Lehrer erklärt: „Personalausweise müssen alle paar Jahre verlängert werden." Hendrik fragt: „Wieso denn? Ich finde es praktisch, dass er so klein ist."

Der Lehrer fragt: „Christian, du siehst sehr müde aus, wie viel schläfst du denn täglich?" Christian antwortet: „Etwa 2-3 Stunden." Der Lehrer antwortet schockiert: „Das ist aber doch viel zu wenig." Christian antwortet: „Das geht schon, ich schlafe ja nachts noch 8-9 Stunden."

H_2O

Hannah steht an der Straße und weint. Ein Mann kommt vorbei und fragt was denn los sei. Hannah antwortet: „In der Schule haben sie uns gesagt wir dürfen erst die Straße überqueren, wenn die Autos vorbeigefahren sind. Ich stehe hier aber jetzt schon ewig und es kommt immer noch kein Auto."

Der Lehrer fragt: „Weiß jemand, wieso die Tage im Sommer länger sind als im Winter?" Ein Schüler antwortet: „Bei Hitze dehnen sich Dinge eben aus."

$E = Mc^2$ $a^2 + b^2 = c^2$

Der Lehrer fragt: „Hendrik, wie lautet denn dein Nachname?" Hendrik antwortet: „Bauer, ohne k." Der Lehrer fragt verwundert: „Aber Bauer schreibt man doch ohne k." Daraufhin sagt Hendrik: „Ja, das sage ich doch."

$ac^2 + bc^2 = ?$

Der Lehrer fragt: „Paula, wie alt bist du?" Paula antwortet: „Acht." Der Lehrer fragt: „Und was möchtest du einmal werden?" Paula sagt: „Neun."

Kai sitzt in der Schule und möchte nicht nach Hause gehen. Der Lehrer fragt ihn: „Wieso gehst du denn nicht nach Hause?" Kai antwortet: „Weil meine Mutter schlechte Laune hat." Der Lehrer fragt: „Wieso hat sie denn schlechte Laune?" Kai antwortet: „Weil ich nicht nach Hause komme."

H_2O

Frau Müller ist schwanger. Pauline fragt: „Lieben Sie ihr Kind denn eigentlich?" Frau Müller antwortet: „Aber natürlich!" Daraufhin fragt Pauline: „Und wieso haben Sie es dann gegessen?"

Der Lehrer fragt: „Kann mir jemand einen berühmten Dichter nennen?" Ein Schüler antwortet: „Achilles" Der Lehrer sagt: „Aber nein, Achilles war doch kein Dichter?" Daraufhin sagt der Schüler: „Ach ja, aber er würde doch durch seine Verse bekannt!"

$E = Mc^2$ $a^2 + b^2 = c^2$

Ronja erzählt zuhause: „Heute haben wir in der Schule mit Sprengstoff experimentiert." Ronjas Vater fragt: „Und was macht ihr Morgen in der Schule?" Daraufhin fragt Ronja: „Welche Schule?"

$ac^2 + bc^2 = ?$

Der Biolehrer fragt: „Wie würdet ihr euch verhalten, wenn ihr eine Schlange seht." Kim antwortet: „Einfach hinten anstellen."

Karl will Fahrradfahren und lässt die Luft aus den Reifen. Sein Lehrer fragt: „Wieso lässt du denn die Luft aus den Reifen?" Karl antwortet: „Der Sattel ist mir sonst zu hoch."

Der Lehrer fragt: „Hat gestern jemand von euch Fußball geschaut?" Der Schüler antwortet: „Ja!" Daraufhin fragt der Lehrer wie viele Tore es denn gegeben habe. Der Schüler antwortet: „Zwei, eins in jeder Hälfte."

H_2O

Die Lehrerin fragt Lana: „Du hast 14 Fehler auf nur einer Seite. Wie kann das nur sein?" Lana antwortet: „Das liegt nur daran, dass Sie immer danach suchen."

Tom soll der Klasse auf der Karte Amerika zeigen. Anschließend fragt der Lehrer die Klasse: „Und wer hat Amerika entdeckt?" Daraufhin die Klasse: „Tom!"

$E = Mc^2$ 27 $a^2 + b^2 = c^2$

Ein kleiner Junge war drei Tage nicht in der Schule. Am vierten Tag bringt er die Entschuldigung für seinen Lehrer mit: "Hiermit entschuldige ich das Fehlen meines Sohnes in der Schule. Er war sehr krank. Hochachtungsvoll, meine Mutter."

$ac^2 + bc^2 = ?$

Der Mathelehrer sagt: "Die Klasse ist so schlecht in Mathe, dass sicher 99% dieses Jahr nicht bestehen werden." Eine Schülerin im Hintergrund:"Aber so viele sind wir doch gar nicht!"

Luisa flüstert Silvia im Unterricht zu: "Die neue Lehrerin ist ja eine ganz schöne Ziege! Nicht wahr?" Sagt die Lehrerin: "Luisa, halt den Mund, das weiß Silvia bestimmt selbst!"

Der Lehrer fragt Maria: „Nehmen wir an, deine Mutter kauft sich ein Paar Schuhe für 160 Euro, deine Schwester ein Paar für 90 Euro und du ein Paar für 50 Euro. Was ergibt das?" Antwortet Maria: "Krach mit Papa!"

H_2O

Der Lehrer sagt zur Klasse: "Wer denkt, dass er ein Dummkopf ist, soll sich hinstellen." Nach einiger Zeit, in der keiner aufgestanden ist, steht der Klassenstreber auf. Verblüfft fragt der Lehrer: "Du hältst Dich also für einen Dummkopf?" "Nein eigentlich nicht, aber ich wollte Sie nicht so alleine stehen lassen."

$E = Mc^2$

$a^2 + b^2 = c^2$

Chemiestunde: "Was geschieht mit Gold, wenn man es an der freien Luft liegen lässt?" "Es wird gestohlen."

Lehrer: "Thomas, warum bist Du immer so schmutzig?!"
Thomas: "Na ja, ich bin doch viel näher am Boden als Sie!"

$ac^2 + bc^2 = ?$

In der Geographie stunde fragt der Lehrer die Schüler: "Wenn ich im Schulhof ein tiefes Loch grabe, wo komme ich dann hin?" Hans antwortet: "Ins Irrenhaus!"

Fragt der Lehrer: "Wenn ich sage: Deine Mutter hat Geld, was für eine Zeit ist das?" Antwortet Lukas: "Muss so um den Ersten herum sein, Herr Lehrer."

Die Mathelehrerin steht vor der Tafel, auf der die Funktionen f1(x)=0 und f2(x)=1/x gemalt sind. Sie erklärt:"Sie treffen sich im Unendlichen." Darauf ein Schüler: "Sehr romantisch!"

H_2O

Lehrer: "Willi, sag mir eine wichtige Sache die wir heute haben, aber noch nicht vor zehn Jahren.' Willi "Mich!"

„Wie nennt man Lebewesen, die teils im Wasser und teils auf dem Lande leben?"
Max meldet sich: „Badegäste!"

$E = Mc^2$

$a^2 + b^2 = c^2$

TIER WITZE

Paulina hat einen neuen Hund. Sie trifft auf der Straße ihren Freund Max. Max fragt: „Hallo Paulina, wie heißt denn dein neuer Hund?" Paulina antwortet: „Das weiß ich leider nicht, er will es mir nicht sagen."

Eine Maus und ein Elefant gehen zusammen schwimmen. Dann sagt der Elefant erschrocken: „Ach nein, ich habe meine Badehose vergessen!" Da sagt die Maus ganz gelassen: „Keine Sorge, ich habe zwei dabei."

Kommt ein Pferd in die Kneipe. Fragt der Wirt: „Wieso machen sie denn so ein langes Gesicht?"

Treffen sich zwei Fische. Der eine sagt: „Hi!" Der andere schockiert: „Wo!?"

Stehen zwei Schnecken an der Kreuzung. Fragt die eine: „Wann können wir die Straße überqueren?" Sagt die andere: „Jetzt ist es zu riskant, in zwei Stunden kommt ein Bus."

Welche Vögel können nichts hören? Die Tauben

Zwei Mäuse schauen sich den Sternenhimmel an. Eine Fledermaus fliegt vorbei. Sagt die eine Maus ganz erstaunt: „Wow! Hast du den Engel gesehen?"

Kennst du eigentlich den Witz von den zwei Käfern im Fahrstuhl? Ich auch nicht, ich habe nämlich die Treppe genommen.

Eine Schnecke sitzt auf dem Rücken einer Schildkröte. Sagt die Schnecke: „Hey! Bitte nicht so schnell!"

Kommt ein Frosch in den Supermarkt. Die Verkäuferin fragt: „Guten Tag, was hätten Sie gerne?" Der Frosch antwortet: „Quak!"

Frau Müller überfährt ein Huhn, Sie sucht den nächsten Bauern auf und fragt ihn, ob das sein Huhn sei. Der Bauer antwortet: „Nein, so flache Hühner haben wir nicht."

Zwei Kühe stehen auf der Weide. Die eine Kuh sagt: „Muuuh!" Die andere Kuh ganz erstaunt: „Das wollte ich auch grade sagen."

Das eine Schaf zum anderen: „Mäh!" Erwidert das andere: „Mäh doch selbst!"

Bruno steht an der Rolltreppe und liest: „Bei der Nutzung der Rolltreppe müssen Hunde getragen werden." Bruno überlegt: „Oh man, wo bekomme ich denn jetzt einen Hund her?"

Zwei Adler beobachten ein Flugzeug mit Kondensstreifen. Sagt der eine Adler: „Wow, der hat es aber sehr eilig!“ Sagt der andere: „Was würdest du denn machen, wenn dein Hintern qualmt?“

Paul fragt seine Schwester: „Was ist eine Amsel?“ Seine Schwester antwortet: „Das ist irgendein verrückter Fisch.“ Paul sagt: „Aber hier steht, dass er von Ast zu Ast springt.“ Seine Schwester antwortet: „Daran siehst du wie verrückt er ist!“

Frau Keller kauft einen neuen Hundenapf. Der Verkäufer fragt, ob Sie die Aufschrift: „Für den Hund“ eingravieren lassen möchte. Frau Keller antwortet: „Das ist wohl kaum nötig. Der Hund kann nicht lesen und mein Mann trinkt kein Wasser.“

Das Telefon klingt, der Hunde hebt ab und sagt: „Wau!“ Die Stimme am anderen Ende fragt verwirrt: „Wau?“ Der Hund antwortet: „W wie Walter, A wie Anton und U wie Ursula!“

Eine Frau spielt mit Ihrem Hund Schach. Kommt ein Mann vorbei und sagt: „Ihr Hund ist aber intelligent!“ Die Frau antwortet: „Wieso? der verliert doch ständig.“

Eine Fliege fliegt ganz knapp an einem Spinnennetz vorbei. Die Spinne sagt ärgerlich: „Morgen kriege ich dich!“ Die Fliege antwortet: „Wohl kaum, ich bin eine Eintagsfliege!“

Ein Nashorn geht in ein Restaurant, isst etwas, bezahlt und will gehen. Da sagt der Kellner: „Also ein Nashorn war wirklich noch nie in unserem Restaurant." Das Nashorn antwortet: „Bei diesen Preisen war das auch das letzte Mal!"

Herr Taube kauft einen neuen Hund. Er fragt: „Mag der Hund Kinder?" Der Züchter antwortet: „Ja, aber ich denke Trockenfutter ist billiger."

Laura streichelt die Katze ihrer Freundin Ina. Die Katze fängt an zu schnurren. Laura fragt ihre Freundin ganz erschrocken: „Ina, wo schalte ich den Motor denn wieder aus?"

Treffen sich zwei Mäuse und quatschen. Fliegt eine Fledermaus vorbei. Da sagt die eine Maus zur anderen: „Wenn ich groß bin, werde ich auch Pilot"

Was riecht nach Kaninchen, ist aber unsichtbar? Ein Kaninchenpups

Sagt eine Kuh zum Polizisten: „Mein Bruder ist auch Bulle!"

Schwimmen zwei Fische aneinander vorbei. Fragt der eine Fisch: „Kann ich mir mal deinen Kamm leihen?" Antwortet der andere: „Nein, du hast ja Schuppen!"

Ein kleiner Dino fragt seinen Vater: „Papa, kommen wir in den Himmel, wenn wir sterben?" Der Vater antwortet: „Nein, wie kommst du denn darauf? Wir kommen in das Museum!"

Fragt die eine Schlange die andere: „Sind wir eigentlich giftig?" Sagt die andere: „Ich bin mir nicht sicher. Warum?" Sagt die andere wieder: „Ich habe mir eben auf die Zunge gebissen!"

Tom sagt empört: „Hey! Wieso streckst du meinem Hund die Zunge raus?" Lisa antwortet: „Er hat angefangen!"

Warum besuchen Fliegen nicht die Kirche? Weil Sie in Sekten sind

Ein Wanderer trifft einen Angler und fragt: „Und, beißen die Fische?" Da antwortet der Angler: „Nein, die können Sie unbesorgt streicheln."

Frau Braun hat einen neuen Wachhund. Da fragt ihr Nachbar: „Wacht der neue Hund denn gut?" Da antwortet Frau Braun: „Und wie! Seit 3 Tagen versuche ich schon wieder in mein Haus zu kommen."

Überfällt ein Hase einen Schneemann: „Möhre oder Fön!"

Fragt die eine Kuh die andere: „Wie spät ist es?" Da antwortet die andere Kuh erschrocken: „Bist du irre? Kühe können doch gar nicht reden!"

Max erklärt seinen Freunden: „Stiere sind farbenblind, nur Kühe können Farben voneinander unterscheiden." Da fragen seine Freunde: „Aber wieso werden Stiere dann so wild, wenn sie ein rotes Tuch sehen?" Max antwortet: „Weil sie denken sie werden für Kühe gehalten."

Zwei Bären laufen durch die Sahara. Da sagt der eine: „Hier muss es ja wirklich spiegelglatt sein." Da sagt der andere verwundert: „Wieso das denn?" Der eine Bär antwortet: „Wieso ist hier wohl sonst so gut gestreut?"

Der Flohzirkus bleibt heute geschlossen. Die Hauptdarstellerin ist mit einem Pudel durchgebrannt.

Paula fragt: „Lässt euer Hund Fremde an sich heran?" Da antwortet Timo: „Natürlich, wann soll der denn sonst zubeißen?"

Zwei Forellen schwimmen herum. Da erblicken Sie einen dicken Wurm. Die eine Forelle ruft: „Vorsicht! Wenn du so einen dicken Wurm siehst, ist sicher ein Haken dabei!"

Zwei Wanderer treffen einen gefährlichen Bären im Wald. Da wechselt der eine schnell seine Schuhe und zieht sich Turnschuhe an. Da fragt der andere verwundert: „Was soll das denn werden? Mit Turnschuhen bist du auch nicht schneller als der Bär." Da sagt der eine: „Das ist mir egal, Hauptsache ich bin schneller als du!"

Wieso können Elefanten kein Fahrrad fahren? Weil sie ohne Daumen nicht klingeln können.

Sagt die Frau zum Zoowärter: „Was der Tiger wohl sagen würde, wenn reden könnte?" Da antwortet der Wärter: „Ich bin ein Leopard!"

Geht eine Katze in der Bar und bestellt einen harten Whisky. Da fragt der Barkeeper: „Wieso denn sowas hartes?" Da antwortet die Katze: „Ich will Morgen auch mal mit einem Kater aufwachen."

Eine Schnecke beginnt im Dezember einen Kirschbaum hinaufzuklettern. Da kommt ein Vogel vorbei und fragt: „Was willst du denn im Winter mit dem Kirschbaum?" Da sagt die Schnecke: „Kirschen essen. Wenn ich oben bin, sind sie reif!"

Worin liegt der Unterschied zwischen einem afrikanischen und einem indischen Elefanten? Sie haben verschiedene Postleitzahlen.
Klara sagt: „Ich habe ein Stinktier zuhause!" Da sagt ihre Freundin: „Iiiih, wo lebt es denn?" Klara antwortet: „Im Schlafzimmer." Klaras Freundin fragt: „Und der Gestank?" Daraufhin sagt Klara: „Daran hat das Tier sich schon gewöhnt."

Paul fragt seine Lehrerin: „Zu welcher Art gehört der Puma?" Die Lehrerin antwortet: „Zu den Wildkatzen." Daraufhin fragt Paul: „Und der Adidas?"

Kommt ein Huhn in ein Lokal und sagt: „Ich hätte gerne einen Löffel, einen Eierbecher und etwas Salz, für den Rest kann ich selbst sorgen!"

Zwei Ziegen unterhalten sich über ihre Freundin Tine. Die eine Ziege fragt: „Wieso ist Tine bloß so dünn geworden?" Da antwortet die andere Ziege: „Die ist so abergläubig, die frisst nur noch den vierblättrigen Klee.

Treffen sich zwei Schnecken. Da fragt die eine erstaunt: „Wieso hast du denn ein blaues Auge." Die andere Schnecke antwortet: „Gestern als ich auf dem Heimweg war kam ganz plötzlich ein Pilz aus dem Boden geschossen."

Zwei Pferde gehen durch den Zoo und sehen Zebras. Da sagt das eine Pferd: „Unglaublich, wir haben schon fast 16 Uhr und die Pferde hier haben immer noch den Schlafanzug an."

Der Igel trifft seinen Freund den Bieber und sagt: „Ich werde mich von meiner Frau trennen." Da fragt der Bieber: „Aber wieso denn?" Der Igel antwortet: „Ich komme mit diesen Sticheleien einfach nicht mehr zurecht."

Der Nachbar fragt Herr Müller verwundert: „Was ist denn mit ihrem Hund los, der rennt ja wie verrückt durch alle Gärten?" Da antwortet Herr Müller: „Der wurde gestern kastriert, jetzt sagt er alle Dates ab."

Was ist schwarz-weiß gestreift und bewegt sich nicht vom Fleck? Ein Klebra

Welchen Spruch hört ein Hai am liebsten? „Mann über Bord!"

Stehen zwei Kühe auf der Weide. Die eine Kuh schüttelt sich wie verrückt. Da fragt die andere: „Wieso schüttelst du dich denn so?" Die eine antwortet: „Ich bereite die Schlagsahne für den Geburtstag des Bauern vor."

FRITZCHEN WITZE

Fritzchen kommt zu spät in die Schule.
Fragt die Lehrerin: „Entschuldigung Fritzchen?"
Da antwortet Fritzchen: „Kein Problem"

Die Lehrerin fragt: „Fritzchen kannst du mir bitte 4 Tiere aus Afrika nennen?"
Da antwortet Fritzchen: „2 Löwen und 2 Elefanten"

Fritzchen ist bei seiner Oma und er mag die Suppe nicht.
Da sagt die Oma: "Iss jetzt die Suppe, sonst hole ich den bösen Wolf!". Da antwortet Fritzchen: "Der frisst die auch nicht"

Die Lehrerin sagt: „Es tut mir leid, aber mehr als eine 5 in Französisch kann ich dir nicht geben."
Fritzchen: „Gracias"

Fritzchen geht zum Flötenunterricht. Als er den Kasten öffnet, ist darin eine Pistole. Daraufhin sagt er entsetzt zum Flötenlehrer: „Toll, jetzt steht mein Vater mit der Flöte in der Bank"

Fritzchen zu seiner Mutter: „Wie viel Zahnpasta ist in einer Tube?" Daraufhin die Mutter: 100 oder 125 Milliliter, ich bin mir nicht mehr ganz sicher"
Fritzchen: „Nein, es sind 2,57 Meter, ich habe es auf dem Wohnzimmerteppich nachgemessen"

Fritzchen zeigt seinem Vater sein Zeugnis. Darauf befinden sich nur Sechsen, außer in Biologie eine 5. Der Vater daraufhin: „Fritzchen, kannst du mir das bitte mal erklären?".
Fritzchen darauf: „Ich habe mich eben verdammt angestrengt in Biologie"

Fritzchen: „Mama, was ist eigentlich wind?"
Mama: „Das ist die Luft, die es eilig hat"

Der Lehrer zu den Schülern: „Alle Wörter, die mit ‚Un' anfangen bedeuten etwas Schlechtes, beispielsweise Unfall, Unglück oder unangenehm, kennt ihr weitere Beispiele?"
Fritzchen daraufhin: „Unterricht"

Fritzchen hat schnupfen und sitzt im Bus, er zieht immerzu seine Nase hoch. Der Herr neben ihm fragt: „Hast du denn kein Taschentuch?" Fritzchen antwortet: „Doch, aber das kann ich Ihnen nicht geben, ich habe Schnupfen."

Fritzchen geht zum Bäcker und fragt: „Haben Sie 500 Brötchen?" Der Bäcker antwortet: „Nein." Am nächsten Tag geht Fritzchen wieder zum Bäcker und fragt: „Haben Sie 500 Brötchen?" Der Bäcker sagt wieder: „Nein!" Am folgenden Tag kommt Fritzchen wieder und fragt: „Haben Sie 500 Brötchen?" Diesmal antwortet der Bäcker mit: „Ja!" Fritzchen sagt: „Super, davon nehme ich eins!"

Lehrer: "In deinem Kopf ist ein absolutes Vakuum!"
Fritzchen: "Da bin ich ja wertvoll für die Wissenschaft!"
Lehrer: "Wieso?"
Fritzchen: "Der Wissenschaft ist ein absolutes Vakuum nicht bekannt!"

Sagt Fritzchen zu seiner Mutter: „Ich bin heute aus dem Töpferkurs geflogen." Daraufhin die Mutter: „Warum das denn?" Fritzchen: „Habe mich wohl im Ton vergriffen."

Der Lehrer fragt Fritzchen: „Was ist das für ein Schmetterling?" Fritzchen antwortet: „Ein Zitronenfalter." Daraufhin sagt der Lehrer: „Aber Fritzchen, das Schmetterling ist doch grün..." Fritzchen antwortet: „Ja, er ist eben noch nicht reif."

Fritzchen sagt zu seiner Schwester: „Errate mal was das folgende ist: Es ist haarig, etwa drei Zentimeter groß und hat kleine Klauen." Seine Schwester antwortet: „Ich weiß es nicht, was ist es?" Fritzchen antwortet: „Ich weiß es auch nicht, ober es krabbelt gerade deinen Rücken entlang."

Der Lehrer fragt Fritzchen: „Zähle bitte ein paar Witze auf." Fritzchen antwortet: „Schweinchen, Kälbchen, Eselchen..." Der Lehrer sagt: „Lass doch das „chen" am Ende bitte weg!" Fritzchen daraufhin: „Kanin, Eichhörn, Frett..."

Fritzchen lernt Fahrradfahren. Er fährt an seinen Eltern vorbei und ruft: „Schaut mal! Nur mit einem Arm." Etwas später fährt er nochmal vorbei und ruft: „Schaut mal! Freihändig!" Bei dritten Mal ruft er: „Ohne Zähne!"

Fritzchen sitzt auf der Toilette. Plötzlich ruf eine Stimme: „Ich sitze über dir und brauche Blut von dir." Daraufhin sagt Fritzchen: „Ich sitze unter dir und brauche Klopapier."

Fritzchen kommt dreckig vom Spielplatz nach Hause. Da sagt seine Mutter: „Du siehst aus wie ein Schwein und dreckig bist du auch noch!"

Der Lehrer fragt: „Wo wurde der Friedensvertrag unterschieben?" Fritzchen antwortet: „Unten rechts."

Fritzchen fragt seine Mutter: „Darf ich heute ins Schwimmbad gehen, Sie eröffnen das 5 Meter Brett." Seine Mutter erlaubt es ihm jedoch kommt Fritzchen mit einem gebrochenen Arm nach Hause. Am nächsten Tag fragt Fritzchen: „Darf ich heute wieder ins Schwimmbad, heute lassen Sie das Wasser ein."

Fritzchen fragt der Lehrer: „Was habe ich heute gelernt Herr Lehrer?" Der Lehrer antwortet: „Das ist aber eine blöde Frage, Fritzchen!" Fritzchen sagt daraufhin: „Das finde ich auch, aber ich werde das Zuhause ständig gefragt."

Fritzchens Mutter sagt: „Fritzchen du bist ein Ferkel! Weißt du was das ist?“ Fritzchen antwortet: „Ja, das Kind einer Sau!“

Fritzchen hat sich verletzt. Da sagt seine Mutter: „Keine Sorge, der liebe Gott heilt solchen Wunden ganz schnell.“ Daraufhin fragt Fritzchen: „Muss ich dafür zu ihm hoch oder kommt er herunter?“

Fritzchen setzt sich bei einer Museumsführung auf einen alten Stuhl. Da sagt der Museumsführer mahnend: „Das ist der Stuhl Karl des Großen!“ Fritzchen antwortet: „Kein Problem, wenn er kommt, stehe ich sofort auf!“

Die Verkäuferin auf dem Markt schreit: „Heiße Würstchen! Heiße Würstchen!“ Fritzchen kommt zu ihr und sagt: „Angenehm. Heiße Fritzchen!“

Lehrer sagt genervt: „Du kommst schon zum fünften Mal diese Woche zu spät! Was hast du dazu zu sagen?“ Fritzcher sagt: „Das wird diese Woche nicht mehr vorkommen:“

Der Lehrer fragt: „Wenn du 6 Euro hast, und ich nehme dir 4 weg. Was gibt das dann?“ Fritzchen antwortet: „Prügel!“

Fritzchen kommt zur spät zur Schule. Als er zum Klassenzimmer rennt kommt ihm der Direktor entgegen und sagt böse: „Zehn Minuten zu spät!" Fritzchen antwortet: „Oh ja, ich auch!"

Fritzchen kommt dreckig nach Hause. Seine Mutter fragt erstaunt: „Was ist denn mit dir passiert?" Fritzchen antwortet: „Ich bin in das Gras gefallen." Daraufhin fragt die Mutter verwundert: „Aber Gras macht einen doch nicht so dreckig." Fritzchen antwortet: „Das war das Gras was die Kuh vorher schon gefressen hat."

Fritzchen schreibt in einer Klausur das Wort Löwe klein. Daraufhin beschwert sich seine Lehrerin: „Ich habe euch doch schon so oft erklärt, dass alles was man anfassen kann, großgeschrieben wird!" Fritzchen antwortet verwundert: „Na, dann versuchen sie aber mal einen Löwen anzufassen."

Der Lehrer erklärt, dass eine Wüste ein Ort ist, an dem nichts wächst und fragt die Schüler nach Beispielen. Daraufhin sagt Fritzchen: „Der Garten meiner Mutter."

Die Lehrerin fragt, wie die drei Eisheiligen heißen. Fritzchen antwortet: „Mövenpick, Lagnese und Schöller."

Fritzchens Eltern fragen Fritzchen am Ende des Schuljahres nach seinem Zeugnis. Da sagt Fritzchen: „Das habe ich meinem Freund gegeben, er will auch mal seine Eltern erschrecken."

Fritzchen wird beim Abschreiben erwischt. Da sagt sein Lehrer: „Ich hoffe, dass ich dich nie wieder beim Abschreiben erwische!" Fritzchen antwortet: „Das hoffe ich auch!"

Fritzchen erzählt zuhause, dass sie Lehrermangel in der Schule haben und sagt: „Ich bleibe ein paar Wochen zuhause, um die Lehrer zu entlasten."

Der Lehrer erklärt: „Ich gehe, du gehst, er/sie/es geht, wir gehen, ihr geht, sie gehen...Was bedeutet das Fritzchen?" Fritzchen antwortet: „Das alle weg sind würde ich sagen."

Im Kunstunterricht zeigt der Lehrer den Schülern ein Bild und fragt: „Handelt es sich hier um einen Sonnenuntergang oder um einen Sonnenaufgang?" Daraufhin antwortet Fritzchen: „Sicher um einen Sonnenuntergang, Künstler stehen doch nicht so früh auf."

Die Mutter sagt zu Fritzchen: „Wenn du immer so frech bist, Fritzchen, wirst du mal Kinder bekommen, die auch so frech sind." Fritzchen antwortet: „Jetzt hast du dich aber verraten!"

Fritzchen muss zur Strafe 100-mal schreiben: „Ich darf meine Lehrerin nicht duzen". Als er die Arbeit abgibt, sagt die Lehrerin erstaunt: „Warum hast du es denn 200-mal geschrieben?" Fritzchen antwortet: „Weil du es bist, Frau Lehrerin!"
Die Lehrerin fragt: „Wieso hat der Stier einen Ring durch die Nase?" Fritzchen antwortet: „Wahrscheinlich ist er verheiratet."

Fritzchen hat seine Hausaufgaben nicht gemacht. Da sagt die Lehrerin: „Dann werde ich das wohl deinem Vater sagen müssen." Fritzchen erwidert: „Das bringt nichts, der wird die auch nicht machen."

Die Lehrerin fragt: „Was glaubt ihr wie hoch die Schule ist?" Fritzchen antwortet: „1,30m" Daraufhin fragt die Lehrerin verwundert: „Wie kommst du denn darauf?" Fritzchen antwortet: „Ich bin 1,45m und die Schule steht mir bis zum Hals."

Der Lehrer fragt: „Wieso hat der Hubschrauber einen Propeller?" Fritzchen antwortet: „Damit der Pilot nicht schwitzt!" Der Lehrer sagt verwundert: „Wie kommst du denn auf so etwas Fritzchen?" Fritzchen antwortet: „Ich habe einmal gesehen, wie ein Propeller ausgefallen ist, da ist der Pilot ganz schön ins Schwitzen gekommen."

Der Lehrer fragt: „Wisst ihr, wieso Strom so wichtig ist?" Fritzchen antwortet: „Sonst müssten wir ja bei Kerzenlicht fernsehen."

Der Lehrer fragt: „Wenn man 10 Euro dabei hat und einen abziehst, wie viel hat man dann?" Fritzchen antwortet: „Das kommt darauf an was der Typ dabei hatte."

Die Lehrerin sagt: „Wenn dein Vater wüsste wie du dich in der Schule benimmst würde er graue Haare bekommen." Fritzchen antwortet: „Das macht nichts, mein Vater hat eine Glatze."

Die Mutter fragt: „Fritzchen, weißt du wo das Sieb ist?" Fritzchen antwortet: „Ja, im Müll, da waren so viele Löcher drin."

Der Lehrer fragt: „Wie alt ist dein Vater, Fritzchen?" Fritzchen antwortet: „Genauso alt wie ich." Daraufhin sagt der Lehrer: „Das kann aber doch nicht sein." Fritzchen erwidert: „Wieso? Er ist doch erst bei meiner Geburt Vater geworden."

Fritzchen fragt seine Mutter: „Wieso hat Papa eigentlich so wenig Haare auf dem Kopf." Seine Mutter antwortet: „Das ist ein Zeichen von Weisheit." Daraufhin sagt Fritzchen: „Das erklärt, wieso du so viele Haare hast."

OMA WITZE

Jonas bedankt sich bei seiner Oma und sagt: „Die Trommel, die du mir geschenkt hast war mein bestes Geschenk!" Seine Großmutter entgegnet: „Das freut mich aber sehr." Jonas antwortet: „Ja, ich bekomme von Mama immer einen Euro, wenn ich nicht Trommel spiele!"

Paul spielt ausgelassen im Wohnzimmer seiner Oma. Er stößt gegen das Regal, eine Vase fällt herunter und zerspringt. Seine Oma sagt empört: „Diese Vase war aus dem 19. Jahrhundert!" Paul sagt zufrieden: „Gott sei Dank, ich dachte schon die wäre neu!"

Oma Hilde steigt in den Bus ein und zeigt ihre Fahrkarte. Der Busfahrer stellt irritiert fest: „Das ist aber ja ein Kinderticket." Oma Hilde antwortet: „Ja, da sehen sie mal, wie lange ich auf den Bus warten musste!"

Oma Sigrid geht zum Arzt und sagt: „Wann darf ich denn wieder Treppen steigen? Dieses rauf und unter klettern an der Dachrinne macht mich total fertig."

Die Oma sagt zu Paula: „Zu Weihnachten darfst du dir ein Buch aussuchen." Paula antwortet: „Super, dann hätte ich gern ein Sparbuch."

Julia geht das erste Mal mit ihrer Oma in die Kirche. Anschließend fragt ihre Oma: „Wie hat dir der Besuch in der Kirche gefallen?" Julia antwortet: „Sehr gut, am besten fand ich als alle: „Hallo Julia" gesungen haben."

Gehen zwei Omas in ein chinesisches Restaurant. Der Kellner fragt: „Mit Stäbchen oder ohne?" Da sagt die eine Oma: „Wir sind zum Essen hier und nicht zum Stricken."

Eine Oma steht an der Straße und möchte sie überqueren. Ein Mann kommt vorbei. Die Oma fragt: „Können Sie mir über die Straße helfen?" Daraufhin sagt der Mann: „Aber die Ampel ist doch rot." Die Oma antwortet: „Ja, bei grün würde ich es auch selber schaffen."

Welche Schlange hat keine Zähne? Die Schlage im Altenheim

Julia sagt zu ihrer Oma: „Oma, das Baby klappert mit den Zähnen!" Die Oma antwortet: „So ein Quatsch, das Baby hat doch gar keine Zähne." Daraufhin sagt Julia: „Mit deinen Zähnen!"

Paulas Oma sagt: „Beim Gähnen muss man die Hand vor den Mund halten." Daraufhin sagt Paula: „Das ist nicht nötig, meine Zähne können ja nicht rausfallen."

Klara sitzt ihrer Oma gegenüber und kaut Kaugummi. Daraufhin sagt die Oma: „Du brauchst nicht auf mich einreden, ich habe mein Hörgerät nicht an."

Paulas Großeltern besuchen Paulas Ballett-Aufführung. Paul fragt anschließend: „Wie hat es euch gefallen?" Ihre Oma antwortet: „Es war sehr schön, die Tänzerinnen haben ja auch extra auf Zehenspitzen getanzt, nachdem Opa eingeschlafen ist."

Lisa isst mit ihren Großeltern. Die Oma sagt genervt: „Lisa, wie kannst du nur mit offenem Mund essen?" Lisa antwortet: „Wenn du etwas übst, dann schaffst du das auch."

Paula fragt ihre Oma: „Oma, woraus besteht Milchschokolade?" Die Oma antwortet: „Aus Milch."
Daraufhin fragt Paula erschrocken: „Und Kinderschokolade?"

Gabi fragt ihre Oma: „Oma, wie viel kostet eigentlich dein Hörgerät?" Antwortet doe Oma: „Nein, das rostet nicht."

„Sag mal Tomate."... „Tomate."... „Deine Oma kann Karate."

ELTERN WITZE

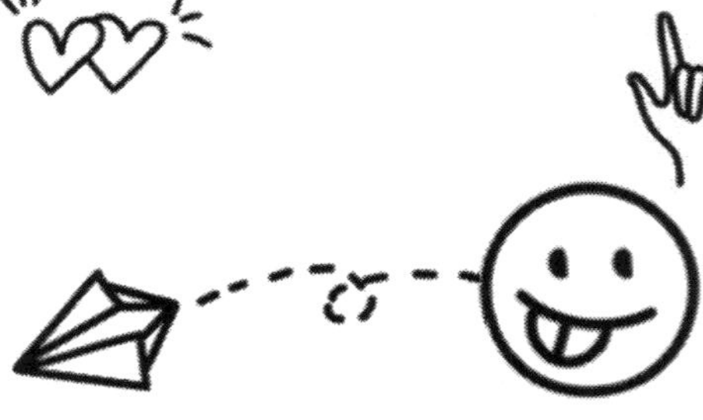

Laura legt ihren Teddybären ins Eisfach. Ihre Mama fragt. „Laura, wieso hast du denn deinen Bären ins Eisfach gelegt?" Laura entgegnet: „Ich hätte so gerne einen Eisbär!"

Maria fällt beim ausgelassenen Spielen hin. Ihre Mutter fragt hektisch: „Maria, ist deine Nase heile geblieben?" Maria antwortet: „Ja, keine Sorge. Die beiden Löcher waren da vorher schon drin."

Michelle geht zu ihrer Mutter und sagt: „Mama, ich habe zwei Fragen. Die erste Frage lautet: Kann ich mehr Taschengeld bekommen? Und die zweite: Wieso denn nicht?"

Sagt die eine Mutter zur anderen: „Unsere Tochter wird Dienstag getauft." Sagt die andere Mutter: „Dienstag? Das ist aber ein seltsamer Name."

Jasmin rennt zu ihrer Mutter und fragt: „Mami, kannst du mir 1 Euro für einen alten Mann geben?" Jasmins Mutter antwortet: „Natürlich, das ist aber schön, dass du einem alten Mann hilfst! Wo ist der Mann denn?" Jasmin erwidert: „Drüben auf der Straße, er verkauft Eis."

Moritz frühstückt mit seinen Eltern und fragt seinen Vater nach dem Käse. Sein Vater fragt: „Wie heißt das Zauberwort mit zwei „t"?" Moritz antwortet: „Flott!"

Micheal spielt auf dem Dachboden und sieht dort seinen alten Laufstall. Er rennt zu seiner Mama und sagt: „Mama, wir bekommen bald ein Baby!" Die Mutter antwortet erstaunt: „Michael, wie kommst du denn auf die Idee?" Micheal sagt: „Ihr habt die Falle doch schon aufgestellt."

Ruben geht zu seiner Mama und sagt besorgt: „Mama manchmal höre ich Stimmen, ich sehe aber niemanden sprechen!" Die Mutter fragt: „Wann denn?" Ruben antwortet: „Das passiert immer, wenn ich telefoniere!"

Der Vater bringt seine kleine Tochter ins Bett. Nach einiger Zeit kommt die Mutter herein und fragt: „Und schläft sie schon?" Das kleine Mädchen antwortet: „Ja und er schnarcht!"

Silvia fragt ihren Vater: „Wo liegen eigentlich die Philippinen?" Ihr Vater antwortet: „Da musst du besser Mama fragen, die räumt doch immer alles weg."

Pauls Mutter fragt: „Peter, bin ich eigentlich eine gute Mutter?"

Dorena: "Papi, kannst Du im Dunkeln schreiben?" Vater " Ich denke schon. Was soll ich den schreiben. Silvia: "Deinen Namen unter das Zeugnis"

Annas Mutter fragt: „Anna, schläfst du eigentlich schon?“ Anna antwortet: „Klar Mama, schon ewig!“

Die kleine Kati sagt zu ihrer Mutter: „Den Grünkohl kann ich aus Glaubensgründen nicht essen.“ Katis Mutter fragt verwirrt: „Wie kommst du denn auf sowas?“ Kati antwortet: „Naja, ich glaube der schmeckt nicht!“

Paul nervt seinen Vater ständig mit: „Mir ist kalt…“ Da antwortet der Vater: „Dann geh in die Ecke, da sind es immer 90 Grad.“

Die Eltern gehen in die Kirche und wollen ihren Sohn taufen lassen. Da fragt der Pfarrer: „Wollen Sie ihren Sohn denn wirklich Alex nennen Herr Schweiß?“

Paula fragt ihre Mutter: „Mama, möchtest du ein Eis essen?“ Da antwortet ihrer Mutter: „Nein, danke Paula.“ Daraufhin sagt Paula: „Ok, dann frag du mich jetzt mal.“

Laras Mutter fragt den Vater genervt: „Mensch, hast du schon wieder mein Deo benutzt?“ Laras Vater antwortet: „Tja, ich bin halt wie Robin Hood. Ich stehle dein Deo und verteile es unter den Armen.“

FLACH WITZE

Ich habe gerade ein Brötchen angerufen...aber es war belegt

Egal, wie gut du schläfst. Albert schläft wie Einstein

Ich habe heute meinen Mathelehrer angerufen...damit hat er wohl nicht gerechnet

Was versteht man unter einer Turbine?... Nichts, da ist es viel zu laut

Ich habe eben Spiderman angerufen...aber der hatte wohl kein Netz

Was macht ein Mathematiker im Garten?... Wurzeln ziehen

Ich habe eben meinen Mathelehrer angerufen...damit hat er wohl nicht gerechnet

Hast du eben ein Bad genommen?... Wieso meinst du? Fehlt denn eins?

Wissenschaftler haben herausgerufen...danach sind sie wieder reingegangen

Ein Wissenschaftler belegt sich ein Brot...dann ist es wohl wissenschaftlich belegt

Ein Mathebuch ist der einzige Ort, wo es normal ist, 46 Avocados zu kaufen

Was ist das Lieblingsessen eines Piraten?... Kapern

Was kann fliegen und hat vier Beine?... Zwei Vögel

Was macht Robin Hood, wenn er ein Deo klaut?... Es unter den Armen verteilen

Wie nennt man einen studierenden Bauer?... Ackerdemiker

Was ist orange und steigt auf Berge?... eine Wanderine

Was ist ein Reiter ohne Pferd?... Ein Sattelschlepper

Was trinkt der Chef am liebsten?... Führungswasser

Was ist grün und klopft an die Tür?... Ein Klopfsalat

Kommt ein Cowboy zum Friseur...kommt er wieder raus...Pony weg

Wo wohnt die Katze?... Im Miezhaus

Was machen streitende Schafe?... Sie kriegen sich in die Wolle

Was isst ein Auto am liebsten?... Parkplätzchen

Sagt der große Stift zum kleinen Stift: „Wachs mal Stift."

Was ist ein Keks unter einem Baum?... Ein schattiges Plätzchen

Was lebt im Wald und ist rot?... Ein Kirsch

Welches Gemüse ist das lustigste?... Die Kichererosen

Was macht ein Clown auf der Arbeit?... Faxen

Wer ist die Frau von Herkules?... Fraukules

Was riecht ein Schneemann?... Karotten

Was macht eine Katze im Fitnessstudio?... Sie sucht den Muskelkater

Sagt der einen Holzwurm zum anderen: „Meine Frau arbeitet jetzt in der Bank."

Sagt die eine Ziege zur anderen: „Kommst du Abend mit tanzen?" Sagt die andere: „Nein, ich habe keinen Bock."

Zwei Flöhe wollen nach Hause fahren. Sagt der eine zum anderen: „Gehen wir zu Fuß oder nehmen wir uns eine Katze?"

Wo findet man alte Kühe?... Im Muhseeum

Welches Tier fliegt in das All?... Das Allpaka

Was schwimmt im See und fängt mit Z an?... Zwei Enten

Ich habe letztens beim Flughafen angerufen... Hat keiner abgehoben

Ich habe im Hotel angerufen... Aber die hatten keinen Empfang

Ich habe in der Lotterie angerufen... Aber ich hatte wohl die falsche Nummer

Ich habe letztens bei der Schule angerufen... Da hat sich aber keiner gemeldet

Was macht ein Pirat am Laptop?... Die Enter-Taste drücken

Zwei Zahnstocher spazieren durch den Wald. Sie sehen einen Igel. Sagt der eine Zahnstocher zum anderen: „Ach, hier fahren ja Busse."

Gerät ein Vampir in die Polizeikontrolle: „Haben sie getrunken?" Sagt der Vampir: „Nur zwei Radler."

Welches Tier kann am besten rechnen?... Bienen, die beschäftigen sich den ganzen Tag mit Summen

Sagt der eine Anwalt zum anderen: „Wie geht's es dir?" Sagt der andere: „Ich kann nicht klagen."

Sagt der eine Magnet zum anderen: „Was soll ich heute bloß anziehen?"

Sagt der eine Geist zum anderen: „Lang nicht mehr gesehen."

Fragt die eine Kerze die andere: „ist Wasser gefährlich?" sagt die andere: „Davon kannst du ausgehen!"

Was macht die Security in einer Nudelfabrik?... Sie Pasta auf

Sind Chemiewitze lustig?... Ja Chlor

Wieso müssen Bienen immer Summen?... Sie kennen den Text wohl nicht

Welches ist das schlauste Gemüse?... Eine Schlaubergine

Wenn kann die Orange nicht mehr rollen?... Wenn ihr der Saft ausgegangen ist

Was ist sieben mal sieben?... Sehr feiner Sand

Was kann schießen und ist gelb?... Eine Banone

Was liegt am Strand und ist schwer zu verstehen?... Eine Nuschel

Was schaut durch das Schlüsselloch und ist grün?... Ein Spionat

Wie nennt man einen dreckigen Seeräuber?... Ein Meerschweinchen

Sagt der eine Magnet zum anderen: „Ich häng an dir."

Sagt die eine Kerze zur anderen: „Gehen wir heute aus?"

Was essen Hunde am liebsten?... Bellkartoffeln

Mit einem großen Bizeps anzugeben ist wirklich Oberarm

Welches Tier ist rot, schwarz und weiß?... Ein Zebra mit Sonnenbrand

Was ist der Plural von Rettich?... Meerrettich

Welches Tier telefoniert am meisten?... Der Telefant

Wie nennt man einen Postboten ohne O?... Briefträger

Welcher Mops bellt nicht?... Der Rollmops

Welcher Fisch nervt am meisten?... Der Stör

Wie teilt man 9 Äpfel unter 4 Personen auf?... Man macht Apfelmus

Was ist grün, glücklich und springt über die Wiese?... Eine Freuschrecke

Wie nennt man einen Elefanten, der fliegen kann?... Ein Jumbojet

Welches Tier liest die meisten Bücher?... Der Buchfink

Wie nennt man einen aufgeregten Delfin?... Ausflipper

Was kauft ein Frosch im Supermarkt?... Quak

Ich habe letztens die Bahn angerufen... Hatte aber keinen Anschluss

Als ich den DJ angerufen habe hat er aufgelegt

Ich habe einen Chemiker angerufen... Das war aber wohl die falsche Verbindung

Als ich den Bäcker anrufen habe, habe ich nur die Mehl-Box erreicht

Wann kann man das Gericht nicht anrufen?... Wenn man keine Freisprechanlage hat

Welcher Hund rennt immer in die Ecke?... Ein Boxer

Wieso ist der Mond immer so blass?... Er hatte wohl viele schlaflose Nächte

Sagt der eine Fisch zum anderen: „Hi" sagt der andere: „Wo?"

Was sitzt im Wald und ruft: „Aha!“?... Ein Uhu mit Sprachfehler

Fragt die eine Kerze die andere: „Was machst du heute?“ Sagt die andere: „Ich gehe aus.“

Welches Tier ist braun, klebrig und lebt in der Wüste?... Ein Karamell

Wieso gehen Ameisen nicht in die Kirche?... Weil sie in Sekten sind

Was kostet ein neues Dach?... Das geht aufs Haus

Sagt die Flugbegleiterin zum Fluggast: „Ihr Flug wurde gestrichen.“ Fragt der Gast: „Wie lange wird es denn trocknen?“

Was liegt im Wald und stinkt?... Eine Furzel

Wieso ist ein Pferd traurig?... Ständig wird auf ihm rumgeritten

An welchem Tag gehen U-Boote unter?... Am Tag der offenen Tür

In welchen Zug passt nur eine Person?... In den Anzug

Womit wäscht sich ein Fisch?... Mit Schuppenshampoo

Welches Werkzeug hat die besten Ideen?... Der Vorschlaghammer

Auf welcher Sprache unterhält man sich in der Sauna?... Auf Schwitzerdeutsch

Warum kann ein Skelett nicht lügen?... Weil es leicht zu durchschauen ist

Was passiert, wenn man an einem Pfannkuchen erstickt?... Man creppiert

Welchen Preis bekommen ruhige Hunde?... Den No-Bell-Preis

Wo kommt der Schornsteinfeger her?... Aus Rußland

Mein letzter Besuch beim Friseur ist auch schon wieder long Hair

Wie nennt man eine Oma beim Geheimdienst?... Top-Sigrid

Wie nennt man einen dünnen Frosch?... Mager-Quak

Wie nennt man einen dicken Autor?... Kugelschreiber

Was ist das beste Geschenk?... Eine kaputte Trommel, die ist unschlagbar

Was ist rosa und lebt im Wasser?... Eine Meerjungsau

Was ist langsam und hat eine lange Zunge?... Ein Schlecke

Was ist schwarz-weiß und schaukelt hin und her?... Ein Schwinguin

Was ist gelb und fliegt durch die Luft?... Eine Zidrone

Was sitzt auf der Toilette und ist ganz rot?... Eine Komate

Was ist weiß und beobachtet dich durchs Schlüsselloch?... Ein Spannbettlaken

Was sitzt im Wald und weint?... Eine Heule

Wie nennen sich die Blätter im Urwald?... Urlaub

Was essen Models am liebsten?... Ein Lauf-Steak

Welches Tier macht Mus Mus?... Eine Biene im Rückwärtsgang

Wie heißt ein weißes Mammut?... Hellmut

Wie hat man rund um die Uhr Essen?... Indem man sich Spaghetti um den Wecker wickelt

Ich habe mit der Pflanze besprochen, dass ich sie nur noch einmal im Monat gießen werde...Sie ist darauf eingegangen

Ich war gestern beim Zahnarzt, er meinte ich brauche eine Krone... Endlich jemand der versteht was ich meine

Was ist gesund und beleidigt?... Ein Schmollkornbrot

Was ist lila und geht jeden Sonntag in die Kirche?... Eine Frommbeere

Was ist sauer und läuft vor der Polizei weg?... Ein Essig-Schurke

Wer ist braun und läuft durch den Wald?... Brotkäppchen

Was ist braun, rund und sitzt hinter Gittern?... Eine Knastanie

Was ist braun und springt durch den Wald?... Ein Jumpingnon

Was ist weiß und liegt auf dem Feld?... Ein Schlaf

Ich habe den Joghurt hinfallen lassen, er war einfach nicht mehr haltbar

Wie nennt man eine Oma als Türsteher?... Hilde-Guard

Was passiert, wenn man sich aussperrt?... Man ist ganz aus dem Häuschen

Was läuft den Berg hinauf und ist weiß? Eine Lawine die Heimweh hat

Welcher Zahn beißt nicht? Der Löwenzahn

Was trinken Roboter am liebsten? Schraubensaft

Wo geht Pinoccio hin, wenn er zum Arzt muss? Zum Holz-Nasen-Ohrenarzt

Treffen sich zwei Rühreier. Meint das eine zum anderen: „Irgendwie bin ich heute so durcheinander!"

Was ist grün, klein und fährt dauernd rauf und runter? Eine Traube im Fahrstuhl

Herr Müller läuft dauernd im Dreieck. Der hat wohl Kreislaufprobleme.

Zwei Unterhosen treffen sich in der Waschmaschine. Sagt die eine: „Wow, bist du braun geworden, warst du im Urlaub?"

Hendrik tut immer nur so als ob er etwas werfen würde. Er ist wohl ein Scheinwerfer.

Was trinken Chefs am liebsten? Leitungswasser

Ein Luftballon geht panisch zum Arzt und sagt: „Ich habe immer so Platzangst!"

Was steht auf der Wiese und schläft? Eine Pennnessel

Wo wohnen Katzen? Im Mietzhaus

Was sagt der Origami Lehrer zu seinem Schüler? Das kannst du knicken

Was findet man bei einem Kannibalen in der Dusche? Head and Shoulders

Was passiert, wenn man Cola und Bier mischt? Man colabiert

Was sitzt auf einem Baum und kann winken? Ein Huhu

Wie nennt man einen studierten Bauern? Einen Ackerdemiker

Was ist gelb und kann schießen? Eine Banone

Was ist gelb und spannt am Fenster? Eine Spannanas

Wie nennt man das schlauste Gemüse? Schlaubergine

Was sagt das eine Gen zum anderen Gen, wenn sie sich treffen? Hallogen

Welche Automarke ist die lustigste? Scherzedes

Egal wie gut du fährst, wir fahren Güter

Was ist schlau, grün und stellt viele Fragen? Günther Lauch

Fragt der Gast den Wirt: „Ist das meins?" Antwortet der Wirt: „Nein, das ist Düsseldorf"

Was ist braun, kann fliegen und macht die Zähne von Kindern kaputt? Die Toffi-Fee

Toms Mutter fragt Tom wie es beim Augenarzt war.
Tom sagt: „Der Arzt hat eine südamerikanische Augenkrankheit bei mir diagnostiziert. Ich Chile"

Fragt der Gast den Wirt: „Ist das scharf?" Antwortet der Wirt: „Nein, das ist Rind"

Was essen Olympiateilnehmer zum Nachtisch? Fackelpudding

Was schwingt von Baum zu Baum und ist süß und klebrig?
Tarzipan

Was sagt ein Schaf zu einem Rasenmäher auf der Wiese?
Määäh

Was ist gelb und schwimmt im Wasser.
Eine Schwanane

Kennst du den Witz vom Schnellzug? Schon vorbei

Wie heisst ein chinesischer Mann, der den Berg besteigt? Hing am Hang

Was steht auf dem Grabstein vom Mathematiker? Damit hat er nicht gerechnet

Wie viele Leitern braucht man bis zum Mond? Eine, sie muss aber sehr lang sein

Treffen sich Hammer und Daumen, dagt der Hammer: „Schön, dass ich dich getroffen habe“

Warum geht der Sarg nicht auf? Weil ein Zuhälter darin ist

Was sagt man zu einem Inder, der hinfällt? Fall nicht hin du

Auch im Osten trägt man Westen

Abwasser ist ein Thema das dringend geklärt werden muss

Was ist das Gegenteil von Katalog?
Kata sagt die Warhheit

SCHERZ FRAGEN

Was wird beim trocknen nass? Ein Handtuch

An welches Meer fährt ein Skelett zum Strandurlaub? Ans Tote Meer

Was hat Ozeane aber kein Wasser? Eine Weltkarte

Wo geht man durch zwei Löcher raus, aber nur durch ein Loch rein? Bei einer Hose

Eine Frau fällt aus dem Fenster eines 40-stöckigen Wolkenkratzers auf die Straße. Ihr passiert jedoch nichts. Wie kann das sein? Das Fenster war im Erdgeschoss

Was hört ohne Ohren, spricht ohne Mund und ist in der Lage, in allen Sprachen dieser Welt zu antworten? Das Echo

Was wird von einem Arzt behandelt und von einem Mathematiker berechnet? Ein Bruch

Was ist die Steigerung der Buchstabensuppe? Der Wörtersee

Welcher Berg war der höchste der Welt bevor der Mount Everest entdeckt wurde? Der Mount Everest, jedoch war er nur noch nicht entdeckt.

Wie kann man es schaffen auf Wasser zu gehen? In dem man wartet bis Winter ist

Was muss man tun, bevor man aus dem Flugzeug aussteigen kann? Einsteigen

Auf einer Stromleitung sitzen 15 Vögel, ein Mann erschießt 5 davon. Wie viele Vögel sitzen noch darauf? Keiner, da die anderen beim Knall weg geflogen sind

Welche Vögel legen keine Eier? Vögelmännchen

Wie oft kann die Zahl 1 von der Zahl 17 abgezogen werden? Einmal, denn danach ist es die Zahl 16

Welchen Fall kann ein Detektiv nicht lösen? Den Wasserfall

Was kann man nicht mit Worten ausdrücken? Einen Schwamm

Welches Spiel kann nicht gespielt werden? Das Beispiel

Was kann laufen, obwohl es keine Beine hat? Die Nase

Was hat 2 Beine und kann trotzdem nicht laufen? Eine Hose

Was passiert, wenn man einen weißen Stein in das Rote Meer wirft? Er wird nass

Welcher Kopf hat keine Augen, keine Nase und keine Ohren? Ein Salatkopf

Welches Tier versteckt sich im Kaffee?

Wer trägt eine Brille und kann nichts sehen? Die Nase

Wer hört alles, aber sagt nichts? Das Ohr

Wie viele Monate haben 28 Tage? Alle

Welcher Peter macht am meisten Krach? Der Trompeter

Was ist schlimmer als arm dran? Arm ab

Womit backen Schlümpfe? Mit Garga-Mehl

Was sind die teuersten Tomaten? Geldautomaten

Welchen Tisch kann man essen?
Den Nachtisch

Wo kommt Silvester vor Weihnachten vor?
Im Duden

Welche Brille trägt man nicht auf der Nase?
Die Klobrille

Welcher Mann wird kleiner, wenn er in die Sonne geht? Der Schneemann

Wer geht mit dir baden und wird nicht nass?
Dein Schatten

Welcher Stuhl bewegt sich Den ganzen Tag auf und ab? Der Fahrstuhl

Warum ist ein Eisbär weiß? Wäre er rot, würde er Erdbeer heißen

Welcher Hahn kann nicht krähen?
Der Wasserhahn

Was läuft über die Wiese und raucht?
Ein Kaminchen

Wie bekomme ich eine Giraffe in einen Kühlschrank?
Tür auf, Giraffe rein, Tür zu!

Wie bekommt man einen Elefanten in einen Kühlschrank?
Tür auf, Elefant rein, Tür zu!
Falsch. Giraffe raus, Elefant rein, Tür zu!

Was ist schlecht für die Zähne
und rot? Ein Ziegelstein

Wer schummelt im Dschungel? Mogli

Wie nennt man einen Spanier ohne Auto? Carlos

Wie nennt man den Flur eines Iglu? Eisdiele

Warum ist der Zucker schlauer als das Salz? Weil er raffiniert ist

Wie nennt man eine
Mittelmäßig gute
Sonnenbank? Solalarium.

Was machen die Pilze auf einer Pizza? Sie funghieren als Belag

Wie nennt man Delphine, die eine Unterhose tragen? Slipper

Treffen sich zwei Jäger im Wald. Beide tot

Was lebt in der Steppe und achtet auf Sauberkeit? Die Hygiäne

Was lebt im Meer und kann addieren?
Ein Oktoplus

Wie nennt man ein Kaninchen im Fitnessstudio? Pumpernickel

Wohin geht ein Reh, das Haarausfall hat? In die Reh-Haar-Klinik

Woran erkennt man einen schlechten Juwelier? Er bekommt nichts auf die Kette

Welchen Preis bekommen die liebsten und ruhigsten Hunde? – Den No-Bell-Preis

Was ist rot und steht am Kopierer? Die Paprikantin

Was hat Federn und kann nicht fliegen, Beine und kann nicht gehen? Ein Bett

Wie kann man Wasser in einem Sieb tragen?
Als Eis, also wenn es gefroren ist

Es geht durch die Fensterscheiben und zerbricht sie nicht. Licht

Welcher Hut passt nicht auf den Kopf? Fingerhut

Welcher Vogel sagt seinen Namen? Kuckuck

Was hat keine Füße und geht doch? Uhr

Welcher Pilz hat gut lachen? Der Glückspilz.

Wer geht jeden Tag aus und bleibt trotzdem in seinem Haus? Die Schnecke

Was hat einen Rücken und kann nicht liegen, und zwei Flügel und nicht fliegen? Die Nase

Was hat viele Häute und beißt alle Leute? Die Zwiebel

Welches Pferd ist keine Äpfel? Das Seepferdchen

Was ist mal heiß, mal Kalt und mal Eis? Das Wasser

Welche Zeit mag der Faule am meisten? Die Mahlzeit

Was liegt ständig im Bett, ohne zu schlafen? Die Bettdecke

Was haben Pflaumen und Pferde gemeinsam?
Das PF

Was kann springen, obwohl es keine Füße hat? Ein Springbrunnen

Welche Maus kann fliegen? Die Fledermaus

Wer trägt den Pelz, sogar während er im Bett liegt? Der Faulpelz

Mit welchem Ball kann man nicht spielen? Mit dem Erdball

Welche Brille verbessert nicht die Sicht? Die Klobrille

Loch an Loch und es hält? Eine Kette

Welche Brille schwitzt am meisten? Die schweißerbrille

Welcher Mann hat kein Herz und ist kalt? Der Schneemann

Was hat 4 Beine und kann nicht laufen? Ein Tisch

Wer reist kostenlos um die Welt? Der Mond

Was ist wärmer als ein Pelz?
Zwei Pelze

Wo wird am meisten Heu gemäht?
Garnicht. Man mäht Gras

Was kommt heraus, wenn man 30 Schornsteine plus 20 Schornsteine plus 10 Schornsteine rechnet? Ganz viel Rauch

Welches Tier hat jeden Tag Geburtstag?
Die Eintagsfliege!

Was liegt zwischen Berg und Tal? Und

Wie heißen die zwei Kinder von Sänger Seven? Eight und Nine.

Welche Sportart betreiben Schafe? Wolleball

Was ist braun, cool und kann springen? Ein Colafrosch

ZUNGEN BRECHER

MAGICAL

Schnecken erschrecken, wenn Schnecken an Schnecken schlecken, weil zum Schrecken vieler Schnecken, Schnecken nicht schmecken.

Wenn Fliegen hinter Fliegen fliegen, fliegen Fliegen Fliegen hinterher.

Wenn Robben hinter Robben robben, robben Robben Robben hinterher.

MAGICAL

Zehn zahme Ziegen ziehen zehn Zentner Zucker zum Zoo.

Auf den sieben Robbenklippen sitzen sieben Robbensippen, die sich in die Rippen stippen, bis sie von den Klippen kippen.

Zwanzig Zwerge zeigen Handstand, zehn am Sandstrand, zehn im Wandschrank.

Der froschforschende Froschforscher forscht in der froschforschenden Froschforschung.

Blaukraut bleibt Blaukraut und Brautkleid bleibt Brautkleid.

Der Flugplatzspatz nahm auf dem Flugplatz platz. Auf dem Flugplatz nahm der Flugplatzspatz platz.

Fischers Fritz fischt frische Fische.
Frische Fische fischt Fischers Fritze.

Vier fünfmal vervierfacht macht mehr als fünf viermal verfünffacht.

Der Potsdamer Postkutscher putzt den Potsdamer Postkutscherkasten.

MAGICAL

Lang schwang der Klang am Hang entlang.

Der Leutnant von Leuten befahl seinen Leuten nicht eher zu Läuten, bis der Leutnant von Leuten seinen Leuten das Läuten befahl.

Weniger wissen, wie viel man wissen muss, um zu wissen, wie wenig man weiß.

Zwischen zwei spitzen Steinen saßen zwei zischelnde Zischelschlangen und zischten.

Es klebt in meinem Kannenset Kartoggelpufferpfannenfett.

Der Arzt spritzt mit spitzer Spritze.

Es klapperten die Klapperschlangen, bis ihre Klappen schlapper klangen.

Denke nie, gedacht zu haben, denn das
Denken der Gedanken ist gedankenloses Denken.

Eine Waschmaschinenkaputtmachmaschine macht kaputte Waschmaschinen kaputt.

Esel essen Nesseln nicht.
Nesseln essen Esel nicht.

MAGICAL

Auf der Pappel plappern Klapperstörche klapperdiklapp.

Hinter Hermanns Haus hängen hundert Hemden raus.

Hast du mit dem Tee gesaut, sieht`s aus,
als wäre ein See getaut.

Der Packer packt Papppakete.

Hinter Hermanns Haus hängen hundert Hemden raus.

Nussknacker knacken knackige Kerne.

Quakende Frösche hüpfen quer über das Quadrat.

Schwarze Katzen kratzen mit schwarzen Tatzen.

Fünf Ferkel fressen frisches Futter.

Häschen Hoppeln hoppelnd hinter Häschen her.

Hinter dem hohen Haus hackt Hans frisches Holz. Frisches Holz hackt Hans hinter dem hohen Haus.

Schneiders Schwere schneidet scharf.

MAGICAL

Sieben Schneeschaufler schaufeln sieben Schaufeln Schnee.

Zehn Zahnärzte ziehen zehn Zähne.

Acht alte Ameisen aßen am Abend Ananas.

Es ist der Zehnte Zehnte zehn Uhr zehn.

Als wir noch in der Wiege lagen, gab´s noch keine Liegewagen, jetzt kann man in den Wagen liegen und sich in allen Lagen wiegen.

Brauchbare Bierbrauerburschen brauen brausendes Braunbier.

Der Zahnarzt zieht Zähne mit Zahnarztzangen im Zahnarztzimmer.

Der Metzger wetzt das Metzgermesser mit des Metzgers Wetzstein. Mit des Metzgers Wetzstein wetzt der Metzger sein Metzgermesser.

Der Whiskymixer mixt den Whisky mit dem Whiskymixer. Mit dem Whiskymixer mixt der Whiskymixer den Whisky.

Der dicke Dachdecker deckt dir dein Dach, drum dank dem dicken Dachdecker, dass der dicke Dachdecker dir dein Dach deckte.

MAGICAL

Der froschforschende Froschforscher forscht in der froschforschenden Froschforschung.

Der dünne Diener trägt die dicke Dame durch den dicken Dreck, da dankt die dicke Dame dem dünnen Diener, dass der dünne Diener die dicke Dame durch den dicken Dreck getragen hat.

Die Katzen kratzen im Katzenkasten, im Katzenkasten kratzen Katzen.

Dreihundertdreiunddreißig Reiter ritten dreihundertdreiunddreißigmal um das große runde Rastenburger Rathaus.

Glücklich ist der Tourist, wenn er auf einer Tour ist und in einer Tour isst.

Herr und Frau Lücke gingen über eine Brücke. Da kam eine Mücke und stach Frau Lücke ins Genick. Da nahm Herr Lücke seine Krücke und schlug Frau Lücke ins Genick. Da fiel Frau Lücke mit der Mücke und der Krücke.

Hundert hurtige Hunde hetzen hinter hundert hurtigen Hasen her.

MAGICAL

In Ulm und um Ulm und um Ulm herum.

In der ganzen Hunderunde gab es nichts als runde Hunde.

In einem Schokoladenladen laden Ladenmädchen Schokolade aus.
Ladenmädchen laden in einem Schokoladenladen Schokolade aus.

Junge jodelnde Jodler-Jungen jodeln jaulende Jodel-Jauchzer, jaulende Jodel-Jauchzer jodeln Junge jodelnde Jodler-Jungen.

Klitzekleine Katzen kotzen klitzekleine Kotze. Klitzekleine Kotze kotzen klitzekleine Katzen.

Mariechen sagt zu Mariechen, lass mich mal riechen Mariechen, da ließ Mariechen Mariechen mal riechen.

Mischwasserfischer heißen Mischwasserfischer, weil Mischwasserfischer im Mischwasser Mischwasserfische fischen.

Schmalspurbahnschienen sind schmaler als Breitspurbahnschienen.

MAGICAL

Selten ess ich Essig; ess ich Essig, ess ich Essig mit Salat.

Ich stellte das tschechische Streichholzschächtelchen auf den Tisch. Auf den Tisch stellte ich das tschechische Streichholzschächtelchen.

Sensitive Selektionssimulatoren sondieren sogar sekundär-strukturierte Sonarselektoren; sogar sekundärstrukturierte Sonarselektoren sondieren sensitive Selektionssimulatoren.

Sie ist die teichigste Teichmuschel unter allen teichigen Teichmuscheln im Teichmuschelteich. Unter allen teichigen Teichmuscheln im Teichmuschelteich ist sie die teichigste Teichmuschel.

Stahlblaue Stretchjeansstrümpfe strecken staubige Stretchjeans.
Staubige Stretchjeans strecken stahlblaue Strechtjeansstrümpfe.

Welches schlecht berechtigte Vermächtnis
entwächst dem schwächlichen Gedächtnis.

Weiße Borsten bürsten besser als schwarze Borsten bürsten.

Wenn Hexen hinter Hexen hexen, hexen Hexen Hexen nach.

MAGICAL

Wenn dein Dackel zu meinem Dackel noch mal Dackel sagt, kriegt dein Dackel von meinem Dackel so eine gedackelt, dass dein Dackel nicht mehr Dackel sagen kann.

Wenn du denkst, du denkst, dann denkst
du nur du denkst.

Wer nichts weiß und weiß, dass er nichts weiß, weiß mehr als der, der nichts weiß und nicht weiß, dass er nichts weiß.

Willst du brauchen, ohne zu gebrauchen, brauchst du brauchen gar nicht zu gebrauchen.

Wer Anderen eine Bratwurst brät, hat wohl ein Bratwurstbratgerät.

Teigwaren heißen Teigwaren, weil Teigwaren Teig waren.

Thomas trank tausend Tropfen Tee,
tausend Tropfen Tee trank Thomas.

Wenn der Benz bremst, brennt das Benz-Bremslicht.

Kleine Kinder können keinen Kaffee kochen.

MAGICAL

Ludwig Leckermann aus Neck am
Leck leckt leckere Lollis.

Peter packt pausenlos prima Picknickpakete.

Auf dem Rasen rasen Hasen.

Frau Hagen darf ich wagen sie zu fragen welchen Kragen sie
getragen als sie lagen, krank am Magen, im Spital in Koperhagen,
ohne Klagen, ohne Zagen ohne mir ein Wort zu sagen?

Früh fressen freche Frösche Früchte. Freche Frösche fressen früh
Früchte.

Zwei Astronauten kauten und kauten während sie blaugrüne
Mondsteine klaubten.

Lang schwang der Klang am Hang entlang.

Bierbrauer Bauer braut braunes Bier,
braunes Bier braucht Bierbrauer Bauer.

Biedere, brave Bierbrauerburschen bereiten beständig bitteres, braunes, bayrisches Bier.

MAGICAL

Eine Diplombibliothekarin ist Bibliothekarin mit Diplom, eine Bibliothekarin mit Diplom ist eine Diplombibliothekrain.

Denke nie gedacht zu haben, denn das Denken der Gedanken ist gedankenloses Denken.

Der Mondschein schien schon schön.

Weißt du das, dass das „das" das meistgebrauchte Wort im Satz ist?

Fischer, die als Floßfahrer auf Flussflößen fahren, sind fischende Floßflussfloßfahrer.

Fromme Frösche fressen frische Frühlingszwiebeln.

Fischers frisch frisierter Fritze frisst frisch frittiere Frisch-Fisch-Frikadellen.

Flankenkicker Flick kickt flinke Flanken.
Flinke Flanken kickt Flankenkicker Flick.

Frische Krischen knirschen nicht.

Furcht vor Fruchtfleisch führt zur Flucht vor Fruchtfleisch.

MAGICAL

Griesbrei bleibt Griesbrei und Kriegsbeil bleibt Kriegsbeil.

Wenn Grillen Grillen grillen, grillen Grillen Grillen.

Der Krabbenfischer knabbert Knabberkrabben, Kannerbkrabben knabbert der Krabbenfischer.

Ein knallroter Krebs aus Krummen Lanke kroch bequem über eine kalte kühle Korbtasche.

Kaiser Karl konnte keine Kümmelkerne kauen.

Kalle Kahlkatzenglatzenkratzer kratzt kahle Katzenglatzen.

Klaus Kopf liebt Knödel. Klöße und Klopse.

Kluge kleine Kinder kaufen keine kleinen Kleiderknöpfe.

Kannst du den kleinen konstantinopolitanischen Dudelsackpfeifer pfeifen hören?

Montags macht die muntere Mutter meistens Mus.

MAGICAL

Missi und Sippi schippern über den miesen Mississippi.

Es soll vorkommen, dass die Nachkommen mit dem Einkommen nicht mehr auskommen und dann vollkommen verkommen umkommen.

Gibst du dem Opi Opium, bringt Opium den Opi um.

Russische Russen rutschen russische Rutschen runter.

Der Sumpfschlumpf schlumpft sich durch den Sumpfschlumpf.

Sonja seift alle seriören Senioren ein.

Das Schleimschwein schleimt schweinisch im Schleim, im Schleim schleimt schweinisch das Schleimschwein.

Spinnende spanische Spanner verspannen spannende spanische Spinner.

Ein sehr schwer sehr schnell zu sprechender Spruch ist ein Schellsprechspruch.

MAGICAL

Ein Stachelschwein, das muss ein Schwein mit Stacheln sein, doch hat es keine Stachelein, so ist es auch kein Stachelschwein.

Tschechische Regisseure schätzen schöne chinesische Schüsselchen.

Der Streusalzstreucher zahlt keine Streusalzsteuer.

Katzen quatschen und klatschen, während sie mit den Tatzen patschen und platschen.

Schlaue Scherenschleifer schleifen schlecht schneidende Scheren.

Wer wer weiß was weiß, weiß wer wieß wie viel.

Wenn sieben schwarze Schlangen siebenundsiebzig frische Fische verschlingen, werden siebenundsiebzig frische Fische von sieben schwarzen Schlangen verschlungen.

Testtexter texten Testtexte, Testtexte texten Testtexter.

Wenn Weihnachtswichtel weiße Weihnacht wünschen, werden Winterwunder wahr.

MAGICAL

An Weihnachten wehen wunderschöne weiße Schneeflocken wie wiche wollige Wolken über den Wald hinweg.

Der Braumeister zu Zipf zapft zehn Fässer Zipfer.

Zwölf zünftige Zipfelmützenzwerge aßen zweihundertzweiundzwanzig Zwetschken.

Der Zweck hat den Zweck den Zweck zu bezwecken.

Der Zahnarzt zieht zähne mit Zahnarztzangen.

Katzen schmatzen, putzen sich mit ihren Tatzen, hassen alles was sie verpatzen.

Ein braver Hai isst Haferbrei.

Sabine sucht sehr selten Senf und Salz.

Schnecken essen Kresse nicht, denn Kresse schmeckt den Schnecken nicht.

Jedes Jahr im Juli essen Julia und Jens Johannisbeeren.

Karl kann komisch kichern.

MAGICAL

Neun nette Nagemäuschen nagten neulich neues Nussgebäck.

Violett steht ihr recht nett. Recht nett steht ihr violett.

Wenn ich weiß, was du weißt, und du weißt,
was ich weiß, dann weiß ich, was du weißt,
und weißt du, was ich weiß.

Früh in der Frische fischen Fischer frische Fische.

Große Krebse krabbeln im Korbe. Im Korbe krabbeln große Krebse.

Nachbars Hund heißt Kunterbunt. Kunterbunt heißt Nachbars Hund.

Frische Früchte erfrischen.

Hornhauthobler Hirnlitscher hobelt
Hornhaut mit dem Hornhauthobel.

Allergische Algerier, algerische Allergiker.

Alle malen aalende Aale, die mit Sonnensalbe in der Sonne sonnen.

Braunblaues Brautkleid.

MAGICAL

Der mürrische, murrende, knurrende, klapperdürre
Ratterkarrenkarrer.

Dicke Finken picken tüchtig im dichten Fichtendickicht. Im dichten
Fichtendickicht picken dicke Finken tüchtig.

Dicke Nichten dichten im dichten Fichtendickicht. Im dichten
Fichtendickicht dichten dicke Nichten.

Drei tropfnasse traurige Trogträger trugen triefende Tröge
treppauf und treppab.

Die Rinde der breitblättrigen Linde blättert leicht ab. Leicht
blätterte die Rinde der breitblättrigen Linde ab.

Echte Dichter dichten leichter bei Licht.

Ein hektischer sächsischer Hexer
verwechselte Häcksel mit Sechser.

Ein Student in Stulpenstiefeln stolperte am Stein und starb.

Ein Student in Stulpenstiefeln stand auf einem spitzen Stein und starrte stundenlang die stillen, stummen Sterne an.

MAGICAL

Wenn Hessen Essen in Essen essen, essen Hessen in Essen essen.

Es ist verboten einem toten, auf dem Boden liegenden Kojoten, mit den Pfoten die Hoden zu verknoten.

Wenn rennende Rentiere Rentierrennen rennen, rennen rennende Rentiere Rentierrennen.

Hat die Maus die Mandeln und das Marzipan gemaust?

Manche Mönche sind in München.

FUSSBALLWITZE

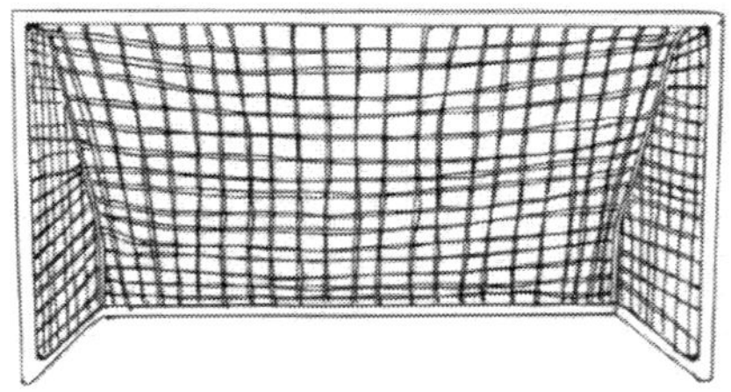

Wieso lachen Zwerge beim Fußballspielen? Weil sie von den Grashalmen gekitzelt werden

Was ist der brutalste Sport auf dieser Welt? Fußball, denn da wird geschossen und geköpft

Können sich Fußbälle verletzen? Ja, noch nie was vom Fußballverband gehört?

Sagt der Mannschaftsarzt zu den Spielern: „Doping im Fußball bringt nichts! Das Zeug muss in die Spieler, nicht in den Ball"

Wann wurde eine Fußballmannschaft zum ersten Mal schriftlich erwähnt?
Im alten Testament. Da heißt es: Sie trugen seltsame Gewänder und irrten planlos umher

Wie hoch ist der Marktwert der schweizer Fußballnationalmannschaft? Knapp 2 Euro - 11mal Flaschenpfand.

„Ihr Fachgebiet ist also Fußball?", fragt der Showmaster.
"Ja", antwortet der Kandidat.
"Sehr gut, da habe ich eine Frage für sie. Wie viele Maschen hat ein Tornetz?"

Eine Fußballmannschaft fliegt nach Asien. Aus Langeweile beginnen die Spieler, in der Maschine mit dem Leder zu spielen. Der Pilot kann die Maschine kaum noch halten und schickt den Funker nach hinten. Nach fünf Minuten ist absolute Ruhe.
Da wird der Pilot gefragt: "Wie hast Du denn das gemacht?"
Pilot: "Na ja, Ich habe gesagt: Jungs, es ist schönes Wetter draußen, spielt doch vor der Tür!"

Der Sohn des Fußballstars bringt stolz sein Zeugnis nach Hause und sagt: "Papa, mein Vertrag mit der zweiten Klasse wurde erfolgreich verlängert."

Wer war die erste Fußballmannschaft?
Jesus und seine Jünger, denn in der Bibel steht: "Jesus stand im Tor von Nazareth und seine Jünger standen abseits."

Wie sieht ein romantisches Abendessen aus?
Fußballfinale gucken bei Kerzenschein.

Lehrer: "Nenne mir bitte drei berühmte Männer mit dem Anfangsbuchstaben B."
Schüler: "Beckenbauer, Breitner, Basler."
Lehrer: "Hast du noch nie was von Bach, Brahms oder Beethoven gehört?"
Schüler: "Nee, Regionalliga interessiert mich nicht."

Der Platzwart sieht nach Ende des Fußballspiels einen Jungen über den Zaun klettern und schreit: "Kannst du nicht da rausgehen wo du reingekommen bist?"
Da sagt der Junge: "Tu ich doch."

Ein Irrer sitzt vor der Waschmaschine und starrt hinein.
Ein zweiter kommt vorbei und fragt: "Und, zeigen Sie schon das Fußballspiel?"
"Nein, es verzögert sich. Gerade wird noch gezeigt, wie die Trikots der Spieler gewaschen werden."

Sagt der Trainer zum Stürmer: "Du spielst heute gegen Frank Hartesholz."
„Oh nein, der tritt gegen alles, was sich bewegt!"
"Darauf der Trainer: "Super, dann besteht für dich ja keine Gefahr!"

Nach dem 0:4 schimpft der Trainer mit seinem Star-Stürmer und sagt: "Wann kriege ich endlich etwas Ordentliches von dir zu sehen?"
"Heute Abend im Fernsehen, da stelle ich die neue Schokolade vor!"

Was is die optimale Größe für einen Schiedsrichter?
Ungefähr 30 cm, damit er immer auf Ballhöhe ist.

Sagt der Fußballer zum Doktor: "Herr Doktor, mir wird ständig rot und gelb vor Augen.“
Darauf der Arzt: "Vielleicht sollten Sie mal den Schiedsrichter wechseln!"

Ein Fußballspieler wurde vom Tierschutzverein angezeigt.
Er stand 92 Minuten lang auf dem selben Regenwurm.

Warum fährt der Vereinsbus von Dortmund über jede rote Ampel?
Damit sie wenigstens in Flensburg ein paar Punkte bekommen!

Was ist der Unterschied zwischen einem Fußgänger und einem Fußballer?
Der Fußballer geht bei rot, der Fußgänger bei grün.

Was ist der Unterschied zwischen einem Kriminellen und einem Fußballstar?
Der Kriminelle sagt: "Geld her, oder ich schieße!"
Der Fußballstar hingegen: "Geld her, oder ich schieße nicht!"

Welche Brauerei ist die kleinste Deutschlands?
Das Nationalteam, die haben 11 Flaschen.

Der Lehrer fragt im Erdkundeunterricht wo Bayern liegt.
Überraschend meldet sich Tom: "Meistens an der Tabellenspitze."

Der Stürmer humpelt vom Fußballplatz.
Besorgt kommt ihm der Trainer entgegen und fragt: "Hast du dich schlimm verletzt?"
Der Stürmer daraufhin: "Nein nein, mein Bein ist nur eingeschlafen!"

Wofür steht die Abkürzung BVB?
Bin völlig blöd.

Nicht alles ist Fußball, aber ohne Fußball ist alles nichts.

Der Fußballer ist gefoult worden und humpelt nun mit schmerzverzerrtem Gesicht auf dem Spielfeld herum. Da meint der Trainer zum Masseur: "Bei dem weiß man nie so recht, ob man den Doktor oder den Theaterkritiker kommen lassen soll."

Das Nachwuchstalent zum Manager: "Wie hoch ist denn mein Startgehalt?"
"Zunächst 10.000 Euro monatlich, später aber mehr."
"Ok, dann komme ich später wieder!"

LUSTIGE REIME

MAGICAL

Wenn die Kuh am Himmel schwirrt, hat sich die Natur geirrt

Wenn allzu früh der Morgen graut, ist der ganze Tag versaut

Was du heute kannst besorgen, schaffst du sicherlich auch morgen

Isst du abends Zwiebelbrot, sind morgen alle Fliegen tot

Liegt ein Auge auf dem Tresen, ist ein Zombie dagewesen

Papa pupst, die Kinder lachen, so kann man billig Freude machen

Fährst du rückwärts an den Baum, verkleinert sich der Kofferraum

Es trinkt der Mensch, es säuft das Pferd, in Bayern ist das umgekehrt

Riech ich dein Aroma, liege ich gleich im Koma

Das Schwein legt sich zur Ruhe in des Bauern Tiefkühltruhe

Kocht die Bäuerin faule Eier, kotzt der Bauer wie ein Reiher

Willst Du Dir den Tag versaun, musst Du in den Spiegel schaun

MAGICAL

Oft nennt die Welt im eitlen Trug den Weisen dumm, den Narren klug

Wer nicht mehr weiter weiß, der bildet einen Arbeitskreis

Sind die Hühner platt wie Teller, war die Walze wieder schneller

Wenn beim Tennis gelbe Bälle flitzen, müssen alle Schläge sitzen

Lege beide Ohren an, damit ich besser schlafen kann

Müde bin ich Känguru, mache meinen Beutel zu

Wenn allzu früh der Morgen graut, ist der ganze Tag versaut

Liegt der Tiger tot im Keller, war der Affe wieder schneller

Der Regenwurm wird arg vermisst, weil er heut zum Angeln ist

Hat der Bauer Hühneraugen, trägt er Schuhe, die nichts taugen

Der Specht, der steht am Gartenteich und hämmert alle Hechte weich

Mach die Schaufel nur halb so voll, wenn die Arbeit reichen soll

MAGICAL

Unter einer Fichtenwurzel hörte ich einen Wichtel furzen

Wird der Knecht gehetzt von Doggen, muss er um sein Leben joggen

Ein Pinguin, der es besser weiß, kühlt seinen Po mit Scholleneis

Kräht der Maulwurf auf dem Dach, liegt der Hahn vor Lachen flach

Mischt der Bauer Gift zur Butter, ist sie für die Schwiegermutter

Semmelbrösel in den Socken, hält den ärgsten Schweißfuß trocken

Es lässt den Bauern gar nicht ruh'n, wenn die Hähne morgens muh'n

Nich lang schnacken - kopp inn Nacken

Wenn der Knecht wie Elvis singt, die Kuh im Takt den Euter schwingt

Das Reh springt hoch, das Reh springt weit, warum auch nicht, es hat ja Zeit

MAGICAL

Nicht Übel, sprach der Dübel und verschwand in der Wand

Siehst du eine Frau im Moore winken, wink zurück und lass sie sinken

Wenn der Knecht zum Waldrand hetzt, war das Plumpsklo schon besetzt

Warum in der S-Bahn stehen, wenn ich auch zu Fuß kann gehen

Die Henne legt grüne Eier, war wohl Schnaps im Gartenweiher

Lebe glücklich,lebe froh,wie das Bärchen Haribo

Hat die Blume einen knick,war der Schmetterling zu dick

Du und ich Hand in Hand auf dem Weg zum Dönerstand

Ich bin fröhlich, ich bin froh, wie ein Aal im H^2O

Wer einmal lügt, dem glaub man nicht, auch wenn er die Wahrheit spricht

Wer andern eine Grube gräbt, hat ein Grubengrabgerät

Das Frankenland liegt abgeschieden und wird deshalb zu Recht gemieden

Ist das Wetter trocken, kann man wieder draussen hocken

Kommt der Gockel unter den Trecker,
dann hast du morgens keinen Wecker

Wer gerne grillt, dankt Schwein und Kuh für das leckere Barbecue

Will der Bauer Blumen pflücken, muss er sich zur Erde bücken

Trifft der Stürmer nur die Latte,
haut' s den Trainer auf die Matte

Der Bauer schwitzt am ganzen Leib, weil er den Knecht zur Arbeit treibt

Tritt das Pferd nach hinten aus, fliegt der Knecht zum Fenster raus

Auf dem Rad fuhr einst ein Bauer, als es platt war war er sauer

Eine Kuh stand auf der Wiese, sie hieß Lotte und nicht Liese

Alle Kinder springen über die Schlucht, nur nicht Peter, dem fehlt ein Meter.

Alle Kinder fahren Panzer, nur nicht Gunter, der liegt drunter.

Alle Kinder überqueren die Straße, nur nicht Rolf, der klebt am Golf.

Alle Kinder sehen das brennende Haus, nur nicht Klaus, der guckt raus.

Alle Kinder laufen über den Friedhof, nur nicht Hagen, der wird getragen.

Alle Kinder sitzen um das Lagerfeuer, nur nicht Brigitte, die sitzt in der Mitte.

Alle Kinder haben eine Schwimmweste, nur nicht Bianca, die bekommt den Anker.

Alle Kinder buddeln am Strand, nur nicht Hein, den graben sie ein.

Alle Kinder stehen bis zum Hals im Wasser, nur nicht Rainer, der ist kleiner.

Alle Kinder springen aufs Sprungtuch, nur nicht Berta, die landet härter.

Alle Kinder lieben Pauls Piranhas, nur nicht Annegret, die in der Wanne steht.

Alle Kinder sammeln Holz für das Feuer, nur nicht Bill, der liegt auf dem Grill.

Alle Kinder schwingen von Baum zu Baum, nur nicht Christiane, die verfehlt die Liane.

Alle Kinder bremsten vor dem Damm, nur nicht Isabell, die war zu schnell.

Alle Kinder gehen in den Bunker, nur nicht Renate, die fängt die Granate.

Alle Kinder schwimmen, nur die Kunigunde taucht schon seit einer Stunde.

Alle Kinder beobachten den hungrigen Löwen, nur nicht Andrea, die geht etwas näher.

Alle Kinder spielen Ritter, nur nicht Gerd, in dem steckt ein Schwert.

Alle Kinder halten vor der roten Ampel, nur nicht Clint, der ist farbenblind.

Alle Kinder spielen mit dem Holzbein, nur nicht Heinz, denn es ist seins.

Alle Kinder springen ins Wasser, nur nicht Cliff, der klebt am Riff.

Alle Kinder decken den Tisch, nur nicht Jochen, den tun sie kochen.

Alle Kinder laufen über die Brücke, nur nicht Rosel, die liegt in der Mosel.

Alle Kinder fürchten sich vor Udo, nur nicht Agathe, die kann Karate.

Alle Kinder gehen Bungee-Jumpen, nur Kurt springt ohne Gurt.

Alle Kinder schauen zur brennenden Scheune, nur nicht Roy, der schläft noch im Heu

Impressum

Luisa Schulmeier wird vertreten durch:
Ogulcan Alkan
Münsterstraße 42
52076 Aachen

1. Auflage, 2022
Kontakt: Business-Ogulcan@web.de
Coverfoto: www.depositphotos.com
Covergestaltung: www.fiverr.com

Haftungsausschluss

Die Umsetzung aller enthaltenen Informationen, Anleitungen und Strategien dieses Buches ist auf eigene Gefahr. Für jeglichen Schaden kann der Autor aus keinem Rechtsgrund eine Haftung übernehmen. Haftungsansprüche gegen den Autor für Schäden materieller oder ideeller Art, die durch die Nutzung oder Nichtnutzung der Informationen bzw. durch die Nutzung fehlerhafter und/oder unvollständiger Informationen verursacht wurden, sind grundsätzlich ausgeschlossen. Rechts- und Schadenersatzansprüche sind daher ausgeschlossen. Das Werk inklusive aller Inhalte wurde unter größter Sorgfalt erarbeitet. Der Autor übernimmt keine Haftung für die Aktualität, Richtigkeit und Vollständigkeit der Inhalte des Buches, ebenso nicht für Druckfehler. Es kann keine juristische Verantwortung sowie Haftung in irgendeiner Form für fehlerhafte Angaben und daraus entstandenen Folgen vom Autor übernommen werden.

Urheberrechtsschutz

Printed in Poland
by Amazon Fulfillment
Poland Sp. z o.o., Wrocław

14733633R00067